JN189292

甲賀忍者考

鵜飼家
関係文書を
紐解く

鵜飼武彦
Takehiko Ukai

ユー・アイ・シー出版

はじめに

私の先祖は甲賀忍者である。これまで世界九十カ国以上を訪問したが、どこの国に行っても、日本のことはほとんど知らない人も、「忍者」は知っていた。手裏剣を投げ、煙を出して姿を消し、高い塀を乗り越えて、スーパーマンのように敵に立ち向かい相手を倒してしまう。みんなが認識している忍者は現実からかけ離れたフィクションの世界のものになってしまっている。また忍者ブームで、観光はもとより、まちおこし、地域活性化、商売など、あらゆる面で忍者が利用され、出没している。

大学でも忍者が学問の対象になり、二〇一二年からは国立大学法人三重大学人文学部が学術的に忍者・忍術の研究を始め、二〇一七年、国際忍者研究センターができ、二〇一八年、国際忍者学会設立総会・記念大会が伊賀市にて開催された。

また、二〇一八年八月、高校ダンス部日本一を決める「第十一回日本高校ダンス部選手権（ダンスの甲子園）」では、大阪府の私立同志社香里高等学校が女忍者「くノ一」をイメージした紫色衣装で女忍者の「苦闘」をテーマに、力強い女性をダンスで表現して見事日本一に輝いた。

日本の象徴は、江戸時代には侍と丁髷(ちょんまげ)、明治にはフジヤマとゲイシャガール、昭和にはカメラ、ウォークマン、自動車などと言われたが、平成になってからはコミック、スマートフォン、カラオケ、そして忍者に代わった。そして忍者は今や、映画、テレビ、インターネットのコンテンツになり、世界中に広まっている。

古い話になるが、例えば、ハリウッドの忍者スターと言えば、ショー・コスギである。彼は『燃えよNINJA』(原題「Enter the Ninja」、一九八一)に出演し、全米で忍者ブームを巻き起こした。同時に、日本人初の一〇〇万ドルスターとなり、ハリウッドで不動の地位を築いた。その後、息子であるケイン・コスギも八歳で父が主演をつとめるハリウッド映画『ザ・ニンジャ/修羅ノ章』(一九八三)に出演している。この親子の共演は『ニンジャII/復讐の誓い』(原題「Pray For Death」)(一九八五)でも見られる。私はショー・コスギと岐阜市内にある萬松館で会っているが、体格がよく、忍者が似合う男であった。

また、ジョージ・ルーカス監督『スター・ウォーズ』のもう一人の主人公であるハン・ソロは、服部半蔵の「半=ハン」から名付けられたと言う。

戦前の忍者小説では、立川文庫の『霧隠才蔵』(一九一四)、『猿飛佐助』(一九二〇)が青少年に受けて大ヒットした。

戦後の忍者小説では、坂口安吾、織田作之助が敗戦後から立ち上がる若者にダブらせて忍者の突飛で変幻自在の生き方を描いている。村山知義『忍びの者』（一九六二）は忍者の敗北が描かれており、その年に社会派の山本薩夫監督・市川雷蔵主演で映画化もされた。司馬遼太郎は『梟の城』（一九五九）を書いている。京の都で暗躍した闇に生きる忍者を夜行性で単独生活をするフクロウに例えたもので、直木賞を受賞した。この作品は『忍者秘帖　梟の城』（一九六三）と『梟の城 Owls' Castle』（一九九九）の二度にわたって映画化された。

そのほか、山田風太郎は『甲賀忍法帖』（一九五九）をはじめとした忍法帖シリーズを出版し、池波正太郎も『忍者丹波大介』（一九六五）など多くの忍者ものを書いている。二〇〇〇年以降では、和田竜『忍びの国』（二〇〇八）が書かれ、この作品はアイドルグループ嵐のリーダー大野智主演で二〇一七年映画化された。

またテレビではアニメやドラマなど数え切れないほど多くの作品が放映されている。尼子騒兵衛の『忍たま乱太郎』、藤子不二雄Ａの『忍者ハットリくん』、横山光輝の『仮面の忍者　赤影』をはじめとし、他にも葉山伸、吉田竜夫、水木しげる、杉山小弥花、船鬼一夫、かわのいちろう、ゆずチリ、白土三平、長谷垣なるみ、石ノ森章太郎、和田慎二、上藤政樹など多くの漫画家が忍者ものを手掛けているのだ。

一九九〇年代以降での忍者漫画では、岸本斉史『NARUTO』（一九九九—二〇一四）、小山ゆう『あずみ』（一九九四—二〇〇八）がある。『NARUTO』は、海外の多くの若者に人気が高く、世界各地で「ナルト走り」のイベントが開催されていると言う。

〝NINJA〟は世界語になっている

「忍者」は英語でも〝NINJA〟と表記され、アメリカでは特に子供に人気があるようで、ハロウィンの衣装としても販売されている。もともとアメリカではスーパーマンやスパイダーマン、アイアンマンのように、特殊能力を持った架空の英雄が人気なため、フィクションではなく実際に日本の歴史に存在した超能力者とも言える「ニンジャ」の名に飛びつくのも不思議ではない。

また海外では、顔を覆い隠して隠密行動をとる特殊部隊を「ニンジャ」と通称することがある。アルジェリアでイスラム系のテロリストによる人質事件が起こった時のアルジェリア軍の人質救出特殊部隊の名前は［the Ninjas］であった。このほかにもアフリカのコンゴ共和国やインドネシアにも［Ninja］という武装集団がいる。これらは名前以外に忍者との関係はないが、超人的な能力でミッションを遂行する日本の忍者が名前の由来にふさわしいことが世界中で認識されているのである。

このように忍者は誰にでもその名前は知られているが、何をしてどんな生活を送っていたのか、本当のことはよく知られていないように思う。忍者の格好はほとんどの人が知っているが、普段からあの黒に身を包んだ格好をしていれば忍者だと丸わかりである。本当は任務を遂行するためにまずあのような目立つ格好はせず、印象に残らない、存在感のない格好、その場にふさわしくそこにいても疑われない格好をするのが忍者である。

またほとんどの人は、忍者は手裏剣を投げ、忍術、空手や拳法を使い、人をだますものだと思っているかもしれない。しかし、このような考えには語弊があるように思う。

忍者と言えば甲賀衆、忍術と言えば甲賀流

映画や小説、漫画などでは面白おかしく描かれているが本当はどうであったのか。文献、古文書や考古学的資料ではどうであったか、何が残されているのかを調べ、甲賀忍者の正史はどのようになっているのか。甲賀・鵜飼家関係書物である鵜飼宏侑『江州甲賀廿一家　鵜飼氏に関する歴史考察』、鵜飼修三『忍びの里と甲賀武士—忍者の歴史がここに』、鵜飼一彦他編『ふる里三大寺』、『鵜飼氏系図』、『鵜飼同族会会則』、『甲賀古士由緒書（鵜飼勝山書）』を基に、石川正知氏、

山口正之氏、中西義孝氏、奥瀬平七郎氏（いずれも郷土史家）の記録や『甲賀郡志』、『水口町志』、『甲賀市史』など数々の文献からその記録を探し出し、また、忍者村（甲賀町隠岐）、忍者屋敷（甲南町竜法師）、上鈎の鈎（まがり）の陣跡（栗東町）など甲賀の地に刻まれた一千年余の歴史をたどりながら判明した隠れた実態を明らかにして行きたい。

発刊によせて

飯道山と鵜飼さんのこと——三千院門跡門主　堀澤祖門

鵜飼武彦さんの長兄の一彦さんと姉の靖子さんと飯道山（はんどうざん）に登ったことを今でも鮮明に思い出す。もう何十年も前のことだが、今回、鵜飼さんが『甲賀忍者考』という本を出すというので、一言述べてみたい。

飯道山は平安時代から修験道の山として大峰山などと深い関係があったという。山上には巨岩・巨石が多くあり、いかにも修験者が修行するに相応しい険しい雰囲気を持っている。

その飯道山が甲賀忍者と深い関係があるという。そのことは鵜飼さんのこの本の中に詳しく出てくるはずだが、飯道山系は「隠里（かくれさと）」に相応しい地形で古来飯道山での修験道者が甲賀忍者のもとになったとも考えられる。

毎年十一月三日に水口町三大寺の飯道寺で行われる笈（おい）渡しは、大峰山系での修行を終えた山伏が飯道山に帰山し、次の当番に鍵を引き継ぐ儀式だという。飯道寺は天台宗に属しているのでご縁の深さを感じている。

海外で気づかされること――三重大学教授　山田雄司

　近年忍者の講演のため、海外に行くことが多い。どこに行っても〝Ninja〟という語はよく知られていて、会場には多くの人が集まる。そして、そこで寄せられる質問から気づかされることも多い。

「Ninjaは今でもいますか」「Ninjaは裏でこそこそ悪いことをしている人たちではないですか」「Ninjaとサムライが戦うとどちらが強いですか」「女の忍者はいましたか」「忍術が医療に用いられているところはありますか」。日本で発せられる質問とはかなり違っていてとても興味深い。

　以上の質問に答えることはそう難しくないが、「どこに行けば忍者の修行ができますか」という質問を受けることがかなりあり、それに答えるのは難しい。外国人で忍者修行をしたいと思っている人はけっこういるのに、それを叶える施設が日本にはないのである。

　単なる観光客集めでなく、「忍道」を本格的に学ぶ施設を設け、世界に発信して行くことも必要なのではないだろうか。

地域資源としての忍者――甲賀市長　岩永裕貴

この度のご出版、誠におめでとうございます。

甲賀市では、平成二九年四月二八日、「甲賀忍者」と「日本六古窯・信楽焼」が日本遺産に認定されました。本市では、世界から注目される「忍者」や、伝統産業である「信楽焼」を世界に誇れるコンテンツとして全国へ、さらには海外へと発信しています。このような中、本市出身で甲賀忍者の子孫でもある鵜飼様に、鵜飼家保有の関係文書をもとに甲賀忍者について深く掘り下げた内容の本をご出版いただき心よりお礼申し上げます。

今や世界中の多くの人が忍者に関心を寄せておられますが、その本当の姿はあまり知られていません。本市には、忍者が修行した場所や忍者が結集し話し合いを行った場が残っているなど、リアル忍者を感じていただくことができます。今後は、歴史を紐解きながら、忍者にまつわる地域資源を有効活用し、本市をさらに盛り上げてまいりたいと考えておりますので、市政へのより一層のご理解、ご協力をよろしくお願いします。

末筆ながら、鵜飼様の今後のさらなるご活躍を心よりお祈り申し上げます。

目次

第二章　忍術の歴史を辿る……28

第一章　甲賀忍者の歴史を辿る

荘園の衰退と武士団の出現

奈良時代の終わりから鎌倉時代まで続いた荘園制が姿を消し、郡内の農民が武装をして団結し土豪（支配者）となって台頭してきた。平安時代には有力貴族が政治を行うと自分たちの都合のよい決まりを作り、税金が免除される方法を考えた。これが「不輸（ふゆ）の権（けん）」で、もともとは大きな神社や寺院に与えられていたこの権利を地方の豪族が持ったのだ。同時に、貴族の荘園にすることで役人が入ってこない「不入（ふにゅう）の権」も得て、地方の有力者は安心して生活を送れるようになった。しかし、有力者の中には武力で他人の土地を奪うものも出てきたために、自分の土地は自分で守らなければならなくなった農民が武装を始め、お互いに団結をし始めた。

甲賀郡域の地においても、「村」から「惣（そう）」へ団結し、「惣」が集まり「中惣」になり、「中惣」が集まり「大惣」となり、強固な武力勢力になった。こうして「甲賀武士団」が形成された。その中には武士だけではなく、わが祖先のような医者や、薬剤師、火薬師、大工、庭師、商人、鋳掛屋、そのほかあらゆる職種の人が入っており、いわゆる「百の姓（かばね）の団結」であった。今は百姓と言うと農業従事者と思われるが、もともとは武士・僧侶以外のすべての職業の人が含まれたのである。今で言う特技を持った技術者集団の異業種交流だ。実は、この集団がのちの世に「忍者」と名付けられるもので、もともとは自分たちの安心した生活を守るために団結して、情報をとり共有し合い、社会や政治、権力の情報を探り、生き延びる術を互いに研鑽して時代を生き延びた者たちの集まりで、本業を持って日常生活を送っていた。万一ことがある場合には、武器を持って立ち向かった。

甲賀武士の名を挙げたのは鈎の戦い

甲賀武士が全国的に有名になったのは、長享元年（一四八七）の九月十二日第九代将軍・足利義尚（よしひさ）が近江（おうみ）（現在の滋賀県）の守護・佐々木六角正頼・高頼親子を討伐するために挙兵した鈎（まがり）の戦いである。将軍自ら三百九十一騎八千人の軍勢を率いて京を出発し、琵琶湖の西岸の坂本に入って諸大名の軍勢の合流を待った。まず細川勢が琵琶湖を渡って今の草津市西部に上陸すると、別軍が南の瀬田を経由して、六角の本拠地・湖東を目指した。六角軍は前日の十一日までに南近江の各地に布陣を終えていた。幕府軍は二十四日には八幡山・金剛寺を攻めるが六角軍は退却、野洲河原でも合戦が起こったがたいしたものではなく、六角高頼も本拠の観音寺城を出て甲賀郡に退却した。高頼本人は赦免の道を探ったが、土地を手放すつもりのない家臣たちは抗戦の構えを崩さなかった。

二十七日、義尚は安養寺から少し離れた北東の上鈎の真宝館に移動した。そこで、六角勢に加わっていた甲賀忍者らが義尚のいる鈎の陣（栗東町真宝館）を奇襲、幕府の大軍を打ち破った。甲賀の地は入り込んだ山地で、地の利を知っていた甲賀の衆は敵を奥へと誘い込み、敵軍を分散させて攻撃をかけたのだ。甲賀の山間に潜んでいてゲリラ戦術で応戦をしたゲリラ部隊だった。

この戦いに参加した甲賀の五十三家のうち特に著しい軍功のあった二十一家に感状が出される。諸大名の目の前での戦果を挙げただけに、甲賀武士団の名を全国に広めた戦いとなった。

『近江輿地志略』にも、

「――世上あまねく、甲賀・伊賀（現在の三重県）の忍者と称することは、足利将軍家の鈎の陣のとき、神変奇異の働きありしを、日本国中の大軍、眼前に見聞せしゆえに。それ以来、名高し――」

とある。

血縁の強力な組織「同名中惣」

戦う忍者、甲賀五十三家は、郡内で珍しい共和制の自治組織「同名中惣」も作っていた。同じ苗字・家名でさえあれば、本家も分家も区別なく平等に扱われる共和制である。特に団結が強かったのは二十一家で、荘内三家または畿内三家（鵜飼・内貴・服部）を中心に柏木三家・南山六家（甲賀南部）、北山九家（甲賀北部）を指す。これらの家は、三十人から多い時で百人が一家を構成していた。これにその他三十二家が加わり甲賀五十三家となった。定期的に会合を持ち、会合での決議はすべて多数決をとって決め、同数で決着がつかない時はくじ引きで決定するという決まりである。一度決まれば一家内はその決まりごとを厳守した。

また他の「同名中惣」とも連合して「地域連合惣」を作った。そして、その上の地域全体の共和組織が「甲賀郡中惣」である。郡内の全域を包括・連合した。その中から選ばれた郡奉行十人が、「郡奉行中惣」として郡内の行政・司法を取り仕切って総括・執行した。

近江南部の守護大名は六角氏であったが、もともと甲賀衆は自治体制を確立し、団結して強力な力を持っていた。自治も成功していたので、六角氏は甲賀郡中惣との間で、ある黙約を結んでいた。それは六角氏が領内甲賀の自治区を認めて介入はしない代わりに、いざという時は、甲賀武士団は六角氏を支援・援護するという約束を取り決めてあった。

約百年間、共和制を存続

甲賀の共和体制は自然にできてきたもので、明確な存在期間はわからないが、天正二年（一五七四）、織田信長に六角軍が滅ぼされるまでの百年間前後と思われる。フランス革命（一七八九）によってできた共和制より約二百年も前に日本の甲賀の地で共和体制が確立していたことは歴史上大きなトピックで注目に値する。

またそのためか、甲賀の地がある近江南部からは統治者としての大名は出現せず、天下を狙う動きとも無関係であった。「郡中惣」は日本の歴史の中で特筆されるべき共和制とされ、甲賀衆の先祖は歴史の一ページを飾る民主主義の実践者であった。

江戸時代になると戦争がなくなり、幕藩体制の安定化のための情報の収集などが忍者の主な仕事となり、隠密・お庭番などをするようになった。この働きは伊賀者の得意分野として伊賀忍者に取って代わられた。服部半蔵を組頭とした伊賀組は、徳川家康が江戸入城した天正八年（一五八〇）には、江戸城警備にあたって家康に仕えた。一方、甲賀忍者が江戸城勤務になるのは伊賀忍者が江戸に上ってから五十余年後の寛永十一年（一六三四）である。甲賀の衆は自尊心が強く江戸に行くのを断り続けた。もっとも伊賀の衆は上忍・中忍・下忍のランクがあり、中忍・下忍は平和な時代は仕事がないため、就職のために江戸に出向いたが、甲賀の衆は皆が同等でそれぞれ本業を持ち自活していたので、故郷を離れて江戸に就職する理由がなかったのである。
その後、江戸時代末期、相模国浦賀沖に来航のペリー艦隊に対する伊賀忍者隠密活動（一八五三）、明治天皇の御東行脚警護（一八六三）など、わずかに忍者の働きが残っていた。文久三年（一八六三）、甲賀忍者等が「甲賀勤皇隊」に加わり総督・仁和寺宮嘉彰親王に従い北越に出陣している。

甲賀忍者の足跡（15世紀～ 19世紀）

1489年　鈎の陣　室町将軍対佐々木六角氏 • 甲賀忍者がゲリラ戦、忍術で将軍を撃退し甲賀忍者の名が全国に広まる。
1562年　徳川家康の西郡城（鵜殿）攻め • 甲賀忍者が撹乱戦法で今川軍を負かし、家康は人質交換で今川氏から独立。
1570年　織田信長千草越え • 甲賀・杉谷善住坊が鉄砲で信長狙撃するも失敗。捕らえられて処刑される。
1570年　野洲川の合戦 • 六角氏が織田軍に敗北。六角軍に従軍した甲賀忍者死者は800人。
1577年　豊臣秀吉の雑賀水攻め • 堤防工事遅れの引責で名門甲賀武士が改易される。いわゆる「甲賀ゆれ」。
1580年　伊賀組江戸移住 • 服部半蔵率いる伊賀忍者団が江戸移住し江戸城警備従事。
1581年　天正伊賀の乱 • 織田軍が伊賀を殲滅。甲賀忍者は織田軍に従軍。
1582年　神君甲賀・伊賀越え • 家康一行が堺より甲賀･伊賀を越えて岡崎に戻る。伊賀組200人、甲賀組100人が家康脱出を支援。
1585年　秀吉家臣が水口城入城 • 秀吉麾下中村一氏が甲賀を支配
1600年　関ケ原の戦い前哨戦 • 甲賀組百余人が伏見城篭城、家康側に就いて三成軍と対峙。甲賀忍者70人が討ち死にする。
1634年　甲賀百人組が江戸城勤務に就く • 大手門ほか２門警備する。
1637年　島原の乱 • 甲賀者10名が従軍。原城に潜入して情報収集。
1842年　天保義民一揆 • 甲賀の庄屋（甲賀忍者末裔）が一揆を主導し、一揆が成功。
1868年　維新甲賀隊結成 • 官軍に従軍し、北陸へ出陣。

出所：『忍者検定読み本』を加筆

第二章　忍術の歴史を辿る

忍術の歴史・諸流を集大成した書

思えば人間の歴史は、太古から現代まで忍者の行為で満ちている。忍術の源流はいつごろから、どこにあったのだろう。甲賀、伊賀等で文献をいろいろ探した。五十余年前に、私が甲賀を離れて大阪に暮らしていたころ、偶然にも大阪・梅田の地下街の古書店で入手した山口正之『忍者の生活』（一九六三）、大阪の知人から入手した奥瀬平七郎『新装版忍術』（一九九五）を基にしながら忍術の歴史を辿ることとなった。なお、前記の山口正之氏は、忍者校長先生として有名で、甲賀高等学校長の在任中には、何度も私の実家（水口町三大寺）の蔵に入って、鵜飼古文書を調べておられた。また、奥瀬平七郎氏は、忍者市長として、伊賀上野市のまちづくりに多大に貢献され、伊賀忍者の名を全国に広められた。『忍者の生活』では甲賀忍者を、『新装版忍術』では伊賀忍者を扱っているので、両書を比較分析しながら、さまざまな文献をあたっていった。

『萬川集海』とは

甲賀武士が寛政元年（一七八九）に甲賀町の大原数馬ら三人が甲賀古士二十一家の代表として江戸に行き、幕府に窮状を訴えた時に甲賀・伊賀の奉納として携えた。その折、清書したものを献上した書物が忍術の諸流を集大成したと言われているのが『萬川集海（ばんせんしゅうかい）』である。幕府に提出したものとは別に甲賀、伊賀に写本が伝わっており、甲賀・大原家の写本には「甲賀郡隠士藤林保義序」との署名があるが、伊賀に残された写本には、肩書きが伊賀隠士と書かれている。幕府に献上された清書は、現在、国立公文書館に所蔵されている。

『新装版忍術』では、『萬川集海』をつぎのように紹介している。

「――甲賀、伊賀流忍術を説明するもっとも基本的な文献であると認められる。甲賀、伊賀の忍者は、この『万川集海』を、各家に保存し、五十年に一度、当主がこれを書き改めて家伝したのであって、今日でも、甲賀、伊賀地方では、旧家の土蔵から『万川集海』が発見されると言ったことがしばしば起っているのである。こう言った忍書が、延宝年間に書かれたと言うことは、忍術の技術が、ほとんど行われなくなったと言う現象（忍術の絶滅）を裏書きするものにちがいない。何となれば、忍術は、元来口伝と体験伝を主としたもので、文書に書きのこすなどと言うことは、忍術が実用されていた時代には、大変な曲事であったからだ（略）。

――」

なお、私の曽祖父は、医者であり思想家、芸術家であったので多くの書籍を蒐集していたと思われるが、実家の蔵を探しても『萬川集海』を見つけることができなかった。

さて、この書物は忍術の極意を体系的、総合的に解説しており、数多い「忍術書」類の中では、抜きん出ており忍術研究の第一級の史料である。近年では、復刻版（全十二帖）や部分的な現代語訳が出ている。

『萬川集海』は「万の川の流れを集めた水が大海に流れるがごとく、甲賀・伊賀の戦国時代を生き抜いた総合生活術の門外不出の極秘の秘伝を集めた」甲賀と伊賀に伝わる四十九流の忍術をまとめた書物だ。

序文には、「延宝四年（一六七六）辰仲夏日　江州甲賀郡隠士藤林保義（やすよし）序」とある。今から約三百四十年前の江戸時代に藤林保義という人が序文を書いた。藤林家はもともと伊賀の家系で、織田信長が織田信雄を総大将に五万の兵で伊賀の町を焼き尽くし、住民は片っ端から殺害された（平楽寺では僧侶七百人余りが斬首、伊賀全体では九万人の人口のうち非戦闘員を含む三万人が殺害された）。天正九年（一五八一）の第二次天正伊賀の乱で、藤林家は紀州和歌山に落ち延び、徳川の時代になって藤堂高虎が伊賀上野城主になってから、伊賀と甲賀の境にある湯舟の生家に戻ってきたと言われる。そのため甲賀五十三家の中には名を連ねていなかったが、北伊賀の最大の郷士であった保義であったが伊賀より便利で情報も入手しやすい甲賀に隠れ住んでおり、ゆえに甲賀郡隠士と言われたのだ。

「用いる伊賀、甲賀十一人の忍者の秘せし忍術、忍器、並びに今代之諸流の悪しきを捨て善きを選んで取り、また和漢の名将の作れる忍術の計策等、遍く之を集め」た忍術の諸流、計策を厳正に取捨選択のうえ抽出した二二巻・十冊からなる大書である。この書の冒頭で、甲賀・伊賀の忍者が広く知れ渡っているかの「忍術問答」では、甲賀・伊賀では、他国のような「守護」がいなかったために争いが多く、その争いの中から忍術を高めていったと答えている。

なぜ、『萬川集海』には、甲賀本、伊賀本があるのだろうか、『忍者の生活』『新装版忍術』を読み比べると、興味深い事実が浮かび上がってくる。

『忍者の生活』によれば、『萬川集海』は伊賀本であると言う。つまり、第一に、「忍術問答」で忍術の起源は伊賀と宣言、第二に、列記した忍者がすべて伊賀忍者、第三に、忍者の舞台が伊賀で編者は伊賀人と告白している。なぜ、甲賀本で編者を甲賀郡隠士としているのは、甲賀武士・大原数馬らが寛政元年に将軍献本の時に考えついた作為であると言う。

『新装版忍術』によれば、甲賀・伊賀両派の秘伝書で、同一人の手になった同一本で同じ内容であり、違いは、奥書の伊賀本は、肩書が伊陽隠士、甲賀本は肩書が甲陽隠士の違いだけで、両派は本質的には何の違いもないとしている。

私が思うに『萬川集海』は、忍びとはなにか、忍びの哲学とはなにか、なにを知り、どう動くべきか忍びの秘伝を幕府に正確に伝えるという重要さから甲賀・伊賀両方に通じる藤林保義が編集をまかされたのであろう。

編者を輩出した藤林家とは

藤林家は、伊賀の湯舟（現三重県阿山町）に今も藤林砦があり、正覚寺には墓も残る一族である。阿山町湯舟と言えば、甲賀郡甲南町と接した油日岳のふもと。明治になってから滋賀県と三重県で県境を争われた地域で甲賀、伊賀の中間地帯である。

甲賀町の甲賀の里忍術村の資料によると、藤林家は今から約百五十年前の江戸時代、子孫が甲賀郡市原村（現甲賀町大原市場）に民家を上棟し、移住した。当時建てられた民家は、解体して今は忍術村に移されている。木造茅葺ぶきで内部は三層で一見何の変哲もない旧家に見えるが、敵の襲撃に備えて思いがけないところに武器が隠してあったり、秘密の抜け道、つり階段、隠し戸などさまざまなカラクリがある。子孫は長い間、火術の縁ある油日神社の氏子の筆頭をしていたとされる。

また、『忍者の生活』によれば、作序者藤林保武についてつぎのように記している。

「――作序者藤林保武は、伊賀者か？　甲賀者か？　そこでまずその解明が必要となる。彼は伊賀湯舟の生れで、その祖は藤林長門守といって百地三太夫・服部半蔵と共に上忍三名家の一に数えられた家がらである。（略）いま湯舟村は東西両村に別れていて藤林姓は西湯舟に多く、正覚寺には藤林家の供養塔が残っている。一方甲賀郡には、藤林氏を系統づける資料はとのはない。――」

つまり、『萬川集海』の内容も踏まえると、藤林氏は上忍の伊賀忍者であるという。

甲賀・伊賀地域に大きい共通性

俗に甲賀の「甲」の字は偏や旁(つくり)がない。ところが、伊賀の「伊」の字は偏の「イ」と旁の「尹」の字に分かれる。だから、甲賀は忍者の本家で、伊賀は分家という説がある。これは甲賀側の言い分である。

伊賀側の言い分は、甲賀地方は伊賀郡の一部で、奈良時代に伊賀郡から甲賀郡が分郡した。為政者がくずし字で「伊」と同形の「甲」を選んで、新郡を甲賀と命名した。つまり伊賀が本家であると言う。

江戸時代には甲賀と伊賀の境が今のようにはっきりとしていなかった。もとより甲賀と伊賀は鈴鹿を越えれば地続き。人情、気候、風俗、産品にまで共通項が大きく、忍術もこの両地域から起こった。わが祖先の中には伊賀の服部家や松尾芭蕉が出た松尾家から嫁いできており、姻戚関係のつながりが多い。

『新装版忍術』に記されているように、自然的には甲賀、伊賀は全然一体の地で、それぞれの住んでいる地域で、甲賀忍者、伊賀忍者と言い、同じ忍術を、伊賀忍者が使えば伊賀流、甲賀忍者が使えば甲賀流と言っているだけで、両流派は本質的には違いはないのだ。

忍術の起こり

では、忍術の起こりは一体いつのことなのだろう。

『忍者検定読み本』（二〇一三）に、中国起源説、日本の記紀等での起源説が紹介されている。中国起源では、「勝つには間者を用いよとの教え」（『孫子』用間篇）、「忍びを諜と称した」（中国春秋時代）、「仙術、神仙術が盛ん」（古代中国）がある。日本での起源説では、「ヤマタノオロチから稲田姫（くしなだひめ）を守るため、姫を湯津爪櫛（ゆつつまぐし）の姿にした（素戔嗚尊説で甲賀に伝わる）、「無名雉（ななしのきじ）（神が遣わせたキジ）に命じて音沙汰のない相手の様子を探らせた」（高皇産霊尊説、伊賀に伝わる）、「六二八年、百済僧観勒が推古天皇へ『天文遁甲術』の書を献上、甲賀の大伴村主高聡に取得の命じた」（百済僧観勒説）、「聖徳太子が大伴細人を『志能便』と称して重用」（聖徳太子説）、「大海人皇子が壬申の乱時に、多胡弥という忍びの者を敵城内に忍びいれて落城させた」（大海人皇子説）がある。

他にも、「忍者の祖は秦の時代の方士（古代中国で方術を行う人）・徐福であり、徐福が来朝の折、日本に忍術を伝えた」（服部説）などもある。

忍びの語源

記紀によると、「忍び」という言葉は聖徳太子が大和の豪族で廃仏を主張する物部守屋を征伐した時、異能・摩訶不思議な特技を発揮して軍功をたてた大伴細人を「志能便」と名付けて朝廷内を探索するのに使っていたのが起源とされている。豪族出身の大伴氏であるが、聖徳太子が活躍していたころはすでに没落していた。太子はまた渡来系秦氏（服部氏はその一つ）の忍者を使って敵側あるいは各地の情報を収集していたと言われ、服部氏が伊賀忍者、大伴細人が甲賀忍者（奥瀬平七郎氏は伊賀の国人である説をとる）の源流であるという説もある。一方、聖徳太子の親戚であった当時の実力者蘇我馬子も、蘇我氏の政敵を排除するために、東漢直駒（やまとのあやのあたいこま）を使って崇峻天皇はじめ蘇我氏に対抗する豪族達を次々に暗殺してその勢力基盤を拡大していった。すなわち暗殺者として毒使いの忍者を使っていたと言われている。

忍術の始祖は古代中国人？

『萬川集海』巻一、序、凡例、目録に続く「忍術問答」は十五問十五答だ。

「忍術という事はいずれの代より始まるや」（第一問）に答えて忍術の起源が出てくる。

「それ軍法は上古伏義帝より始まり、その後黄帝に至りて盛んに行はれたり」

つまり、紀元前三千年前、中国大陸の伝説的な古代国家成立と共に軍法が始まり、忍術も存在したと言うのだ。

続けて、「忍術が軍法の要である断定する根拠とは何か」の問いに、『孫子』十三篇中の「用間篇」には忍術を載せていると答えている。東洋で最初に兵法理論を体系化した中国最古の兵法書『孫子』十三篇の最終篇「用間」を忍術書の初めとしている訳である。

『新装版忍術』によれば、古来、中国では、スパイを諜、細作、遊偵、姦細、行人、遊士等と呼び、『孫子』で初めて「間」を用いた。『間』とは、第一の字義は門の中に日を置いた形で、ものの内容を明らかにする調査・諜報を意味する。第二の字義は、闇中の光が、中の物体を区別し、中の物を破壊する謀略破壊を意味する。第三の字義は、光の侵入する空間で、隙間より敵陣に侵入することを意味する。つまり、『孫子』の『間』には、諜報間（調査と情報収集）、謀略間（騙偽計と破壊工作）があり、まず敵の隙に入り込むことが絶対条件であると言う。

中国の春秋時代になると忍術を「諜」と言った。スパイのことを言う間諜とは、前述の『孫子』の「間」と春秋時代の「諜」を合わせてできた言葉だ。

間諜は、敵の隙（油断）を狙ってその陣に忍び込み、ひそかに敵陣の陣形や作戦を知り、さらには敵の内部に入り、破壊活動等によって敵を混乱させ、あるいは敵陣内で対立させるなど戦闘力を弱めることもする。前者が諜報間、後者が謀略間である。

つまり、間諜（スパイ）を用いる方法を書いたのがこの「用間」篇である。『孫子』「用間」篇は、最初はつぎのように書かれている。

間諜頼って敵情知る

「――孫子は言う。およそ十万の軍隊を起こして千里の外に出征することになれば、民家の出費も一日に千金となる。すると、国の内外共に大騒ぎで農事にも励めない者が七十万家と出来る。そして数年間も対立したうえで一日の決戦を争う。戦争とはこんなものだ。それにもかかわらず、位や禄、お金を与えることを惜しみ、敵情を知ろうとしないのは、不仁（仁の道に背く）の甚だしいものである。それでは将軍とも、勝利の主ともいえない。敵に勝ち成功を収めるコツは敵情を知ることである。鬼神や占いなどの神秘的な方法で出来るものではない。必ず人、つまり間諜に頼ってこそ知り得るものである。（『忍びの里と甲賀武士』現代語訳抄）

――」

忍びを使った聖徳太子

忍術という言葉は、聖徳太子が大伴細人を「志能便（しのび）」と名付けたことに始まる、と前に記した。聖徳太子は、村人の訴えを聞く時、十人の話を一度に聞き取って、判断したと言われるが、太子が近郷、近在に忍者を放って日ごろから情報収集していたことはあまり知られていない。忍者研究会によれば、村人の訴えを断片的に聞いて、てきぱきと処理することができたのは、「志能便」を重用していたという裏話だと言う。

『新装版忍術』にも、太子が毎夜、細人（諜報）からその日の市井でのできごとの報告を聞いて、市井のできごとを理解しているので、忙しい時に七人からの訴えも、まとめて決断することも不可能ではないと記されている。

天武天皇、多胡弥を使い忍び入れ放火

『萬川集海』に、天武天皇が謀略を得意とする忍者を敵陣に潜り込ませて、敵を大混乱に陥れて戦果を挙げたことがつぎのように記されている。

「――天武天皇のとき清光親王が逆心を抱き、山城国愛宕郡に城郭を築いて立てこもったので、天皇が多胡弥（たこや）という者を忍び入れて城内に放火し、城を攻め落とした。――」

『萬川集海』には忍術を重く見た為政者として、飛鳥・奈良時代では聖徳太子、天武天皇、中世では伊勢三郎義盛、楠正成父子、戦国時代では武田信玄、毛利元就、上杉謙信、織田信長の名が挙げられている。

ここでは、戦略家天武帝の、のちに壬申（じんしん）の乱と呼ばれる史実を追ってみよう。唐の律令制度をとり入れて統一国家を作ろうとした天智・天武の両帝は、多くの唐の書籍を研究した。

異母兄弟がまだ中大兄皇子（なかのおおえのおうじ）（のちの天智天皇）、大海人皇子（おおあまのおうじ）（のちの天武天皇）と呼ばれたころ、中大兄は「文＝智」を、大海人は「武」を分担したとの俗説がある。大海人皇子が壬申の乱で伊勢・美濃・尾張といった氏族の兵力を動かす「武」のネットワークがあったことは間違いな

いようだ。天智が亡くなると、皇位継承をめぐり壬申の乱（六七二年）が起こった。天智天皇の長男・大友皇子（のち弘文天皇）の近江朝廷側に対し、吉野にこもっていた弟・大海人皇子が起こした反乱だ。その影響は東国から九州にまで及び、当時の全国の勢力（近江朝廷軍対大海人軍）を二分した古代史上最大の戦乱であった。

大海人軍、迅速に甲賀路走る

「壬申紀」『日本書紀』によると、大海人軍は行動を起こしてわずか二日で東国への要路である鈴鹿の道を五百の兵で抑え、美濃の三千の兵で不破の道を抑えた。また大友人軍に内紛を起こさせ、近江の朝廷側の軍の総指揮官であった羽田矢国（はたのやくに）を降伏させた。大海人軍の軍略が際立っていることから、大海人自身は忍者的な素早い軍法（用間・隠遁）を身に着けて、すぐれた軍師を持っていたと推測される。

大海人が間者を使って敵情を察知したり、間者によって難を逃れたり、軍師から戦術を聞いたことは、壬申の乱をめぐる説話群で知ることができる。例えば、フナ包焼の腹に小さな密書を入れて知らせた十市皇女のこと、大海人皇子がいろいろなところで身を隠す（いずれも『宇治拾遺物語』）、大海人皇子が高市を前に唐人に戦術を聞いた（『釈日本紀』）などが挙げられる。また、

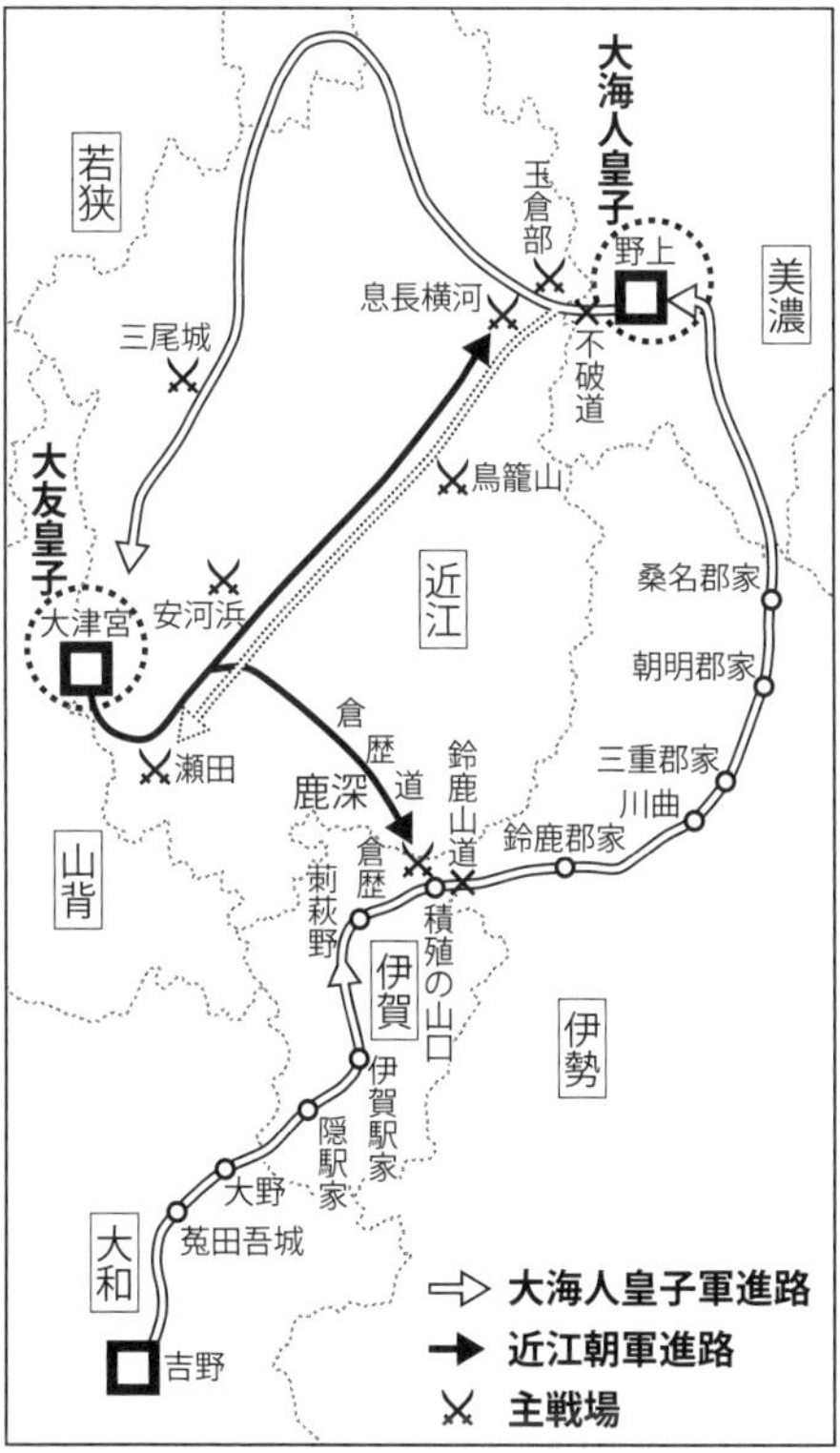

この乱で駒田勝忍人（こまだのすぐりおしひと）という人物が、大津皇子の近江宮からの脱出に従っている。「忍人」という名前から推測するとどうも近江宮に送り込まれていた大海人皇子の間諜だったように思われる。

さらに、近江から吉野に逃れた大海人皇子を修験道の開祖役小角が化けた鬼が守ったという伝承もある。

この乱の序盤戦で、吉野・近江・伊勢の異能な集団のネットワークを巧みに活用して、大海人

壬申の乱（近江・伊勢）（出所：『甲賀市史』）

軍が東国への要路、鈴鹿と不破の道を抑え、近江と伊勢、美濃に通じる甲賀路を抑えたのが勝因の一つであろう。

甲賀路と木材運搬路

壬申の乱での舞台の一つであった甲賀・杣川（そまがわ）、野洲川沿いの山林一体は甲賀山と呼ばれ、その当時は大森林であって、奈良や大津への木材切り出しは最盛期だった。水口盆地で合流する杣川・野洲川の要所には川津（川の港）が設けられ、その川津を利用して、宮殿・社寺造営用木材ばかりでなく多くの物資が搬入・搬出されていた。当時は官営の甲賀山の山林資源を調達・管理する山作所が設けられていた。したがって山作所、川津周辺には、多くの杣人（そまびと）、雇夫等が集まっていた。木材の運搬路は信楽―大和、甲賀杣川―瀬多の二つのルートは鈴鹿峠を越える伊勢国道（現国道一号線）より優位にあった。また水路も琵琶湖から甲賀まで完備され、また甲賀は、牧場の拠点でもあるので、古代官道・東海道が通る甲賀路には駅馬が整備されていたと思われる。

この要路をめぐっての戦いが、倉歴（くらぶ）の戦いである。美濃に本営を置いた大海人軍は、要所に田中臣麻呂（たなかのおみたりまろ）率いる三千の兵で陣を敷き、近江から倉歴道に進軍してくる近江朝廷軍に備えた。大海人軍にとってこの地を失えば、美濃の本営と飛鳥との連絡路を断たれることになるので、東国

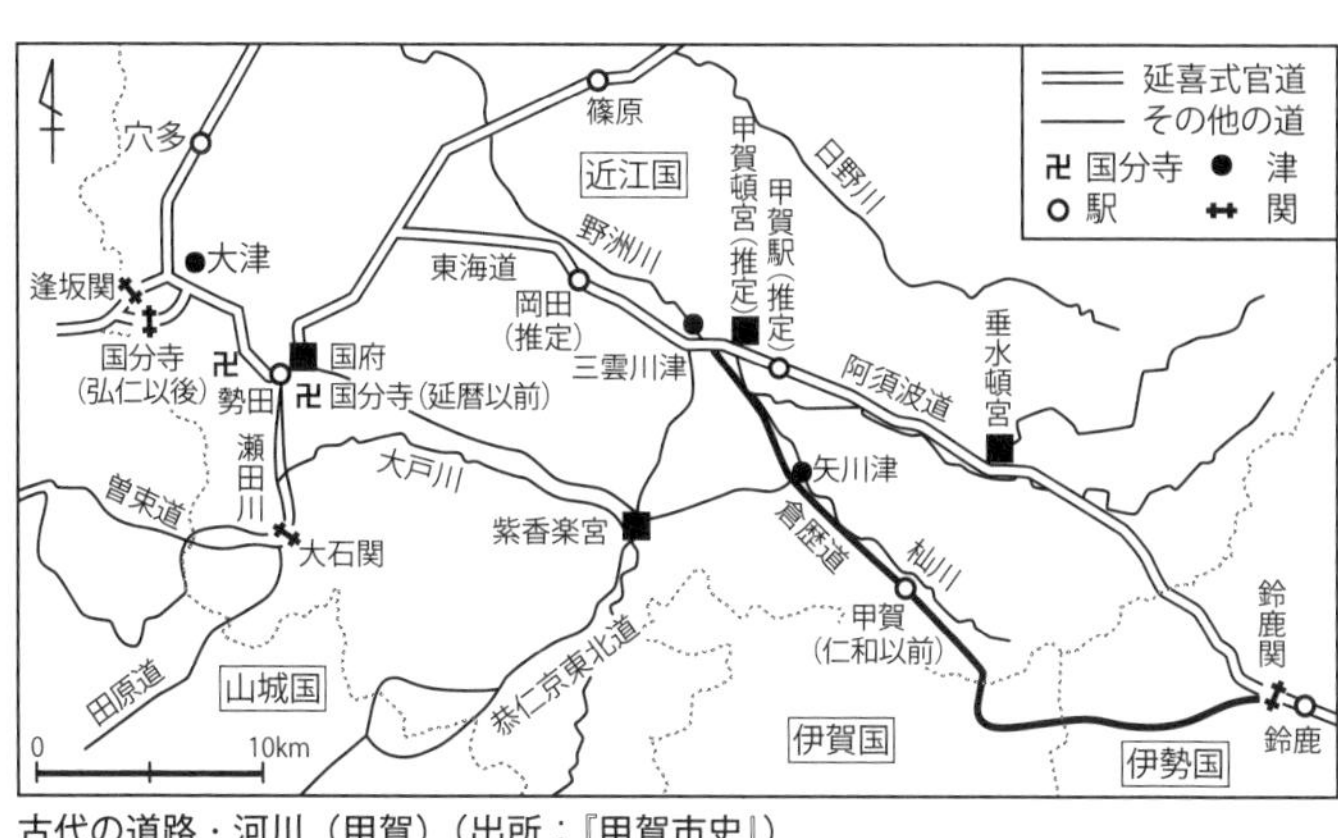

古代の道路・河川（甲賀）（出所：『甲賀市史』）

と畿内の境界の地である甲賀を押さえる必要があったのだ。

大海人皇子は中国の故事にならって、この乱では赤い衣を着て赤色布の旗を自軍の印とし、近代戦を思わせる指揮をした。大海人皇子は『史記』『孫子』の知識を持ち合わせていたようだ。

この戦いの夜襲では、近江朝廷軍は「金（かね）」の相言葉を使い、相手方が「金」と呼応しなければ襲いかかったと言う。

当時の甲賀地方は、建築資材、鉄銅鋳造、陶土器製造、牛馬畜産などの先進地区で、古代甲賀の郷名に「蔵部」（奈良時代、甲南町寺庄付近の「蔵部荘」が置かれた）があるように、軍事・物流の拠点であったようだ。古墳時代より渡来人も多く流入していたので、兵法・武術研究も進んでいたのだろう。

中国の仙術・神仙術——薬の知識が要求される

忍術の源流を辿ると、古代インド（紀元前四千年頃）、古代中国（紀元前二千三百年頃）に遡ると言われている。日本の忍術はどこからきたのか。考えられるのが中国からの仙術だ。神仙術とも言う。仙人と忍者のイメージは異なるが、深山幽谷で修業し身に着ける術という点など、共通点も多い。

仙術は、古代インドの最高の貴族階級バラモンが使った魔術・幻術から始まっている。紀元前六世紀ごろ中国に伝えられ、道教と融合して独自に発達した。「世界大百科事典」によれば

「——中国において、肉体を人間ならざるものに改造し、仙人となることを目的として行われる修練の方法。《荘子》には〈吹呴呼吸〉とか〈吐故納新〉とかよばれる呼吸術や〈熊経鳥申〉とよばれる体操術を行って長生につとめる実修者の記述がある。また藐姑射の山の神人が五穀を食らわずに風を飲み露を吸って暮らしているというのは、後世の〈辟穀食気〉の術を連想させる。辟穀食気とは穀類を絶ち、宇宙の『気』を栄養とする食餌法。——」

とある。

仙術は、もともと中国の不老長生を願う人たちが考え出した。世間を離れて山に入り、仙人になるための苦行をして体得する術だ。これを身に着けると「千眼」、「予言」、「隠形」、「夜視」、

「水火」、「分形」の術など九百余の神通力を持つことができると言う。この神通力は大変日本の忍術と似ている。

中国晋代の道家、葛洪が仙術、錬金・練丹術を集大成した書物『抱朴子』（紀元前四世紀）がある。『日本大百科全書』によると

「――（略）内篇二十巻に二十章、外篇五十巻に五二章を載せる。（略）内篇は丹砂（水銀と硫黄の化合物）や動植物の薬、呼吸法、護符、避邪、鬼神の駆使、歴臓法（身中の神々を想念する）、戒律などを示して、仙人となる方法や仙人の種類を記す。道家思想を本（先）とし儒家思想を末（後）とする。外篇は儒家を本として、政治、社会、処世のことを説くほか、文学も論じている。（略）明師を選び修行すれば仙人になれる（神仙可学）と説く点に葛洪の貴族出身の知識人らしさが示されている。一方、星宿（生星と死星）による宿命論を説いて神仙可学説への批判をかわし、各種の養生法や道徳を兼修と称して奨励しており、従来の道術が集大成されている。（略）――」

とある。

この書物によると仙人には、天仙（天に昇る仙人）、地仙（名山に遊行する地仙）、尸解仙（人がいったん死んだのちに生き返り、他の離れた土地に移る仙人）の三つがある。これらは服用す

る仙薬と修業の差で分けられる。道教経典の古層に属すると思われる『太平経』は天地間のあらゆる人間とそれらをそれぞれの職能を九種に分かち、（一）無形委気の神人は気、（二）大神人は天、（三）真人は地、（四）仙人は時、（五）大道人は五行、（六）聖人は陰陽、（七）賢人は文書、（八）凡民は草木五穀、（九）奴婢は財貨をそれぞれ収めるとされている。五～六世紀ごろには宇宙空間が天上の神仙世界、地上の人間世界、地下の死者の世界と、仙・人・鬼の三部構造として整理されていった。

注目されるべきは、仙術には修業による肉体改造・神通力習得と共に薬の知識が要求されるので、忍術も山岳修業と共に薬の知識が必要であった。仙術は、不老長生のように人間の願望が叶えられるようにという願いをあくまでも貫こうとする。仙人は空を飛び、不老長生の薬を作る。そして人間の能力の限界に薬と技術で挑む。甲賀で修業した仙人が甲賀忍術の先祖とも言えるのだ。また、甲賀配置売薬システムもここから生まれたのであろう。

美女のすねを見て空から落ちたという久米（くめ）仙人の話は、仙人と言えども、色欲に溺れてしまえば、たちどころにして神通力が失せてしまうのだ（『元亨釈書』）。なお、久米仙人、大伴（おおとも）仙人、安雲（あど）仙人は日本の三仙人で天平年間（七一九～七四九）から言い伝えがある。

仙術の伝来――徐福来日

仙人は中国やインドから空を飛んできて大和や河内に降りたという話があるが、一番歴史的事実に近いのが、秦の徐福の来日だ。近年、中国徐福会、日本徐福会ができ、徐福学術シンポジウムも開かれている。徐福の言い伝えを科学的にとらえ直そうとする試みだ。

中国の史書である『史記』の秦の始皇・本記帝は徐福をこう書いている。

「――童男童女数千人と海に入り、蓬莱の三神山に至り、不死の薬を求め、ついに帰らず。――」

秦始皇帝の求めに応じ不老不死の薬を探しに出て帰らなかったという老人の話だ。日本の言い伝えでは孝霊天皇七二年（紀元前二一九）に徐福が来ている。忍術を伝えたとあるが、本当のところは仙術であったと考えられる。

司馬遷の『史記』の巻百十八『淮南衡山列伝』には、始皇帝の求めに応じ不老長寿薬を探すため三千人の若い男女と百工（多くの技術者）を従え、五つの穀物の種を持って東方の日本へ船を出し「平原広沢（広い平野と湿地）」を得て王になり戻らなかったという老人の話がある。徐福は、五百人の美しい少年少女を連れ、和歌山県新宮市辺りに上陸、紀州の山々を歩いて不老長生の仙薬を探したが見つからず、結局この地に留まり、土地の人に捕鯨や紙すきの術を教え、その

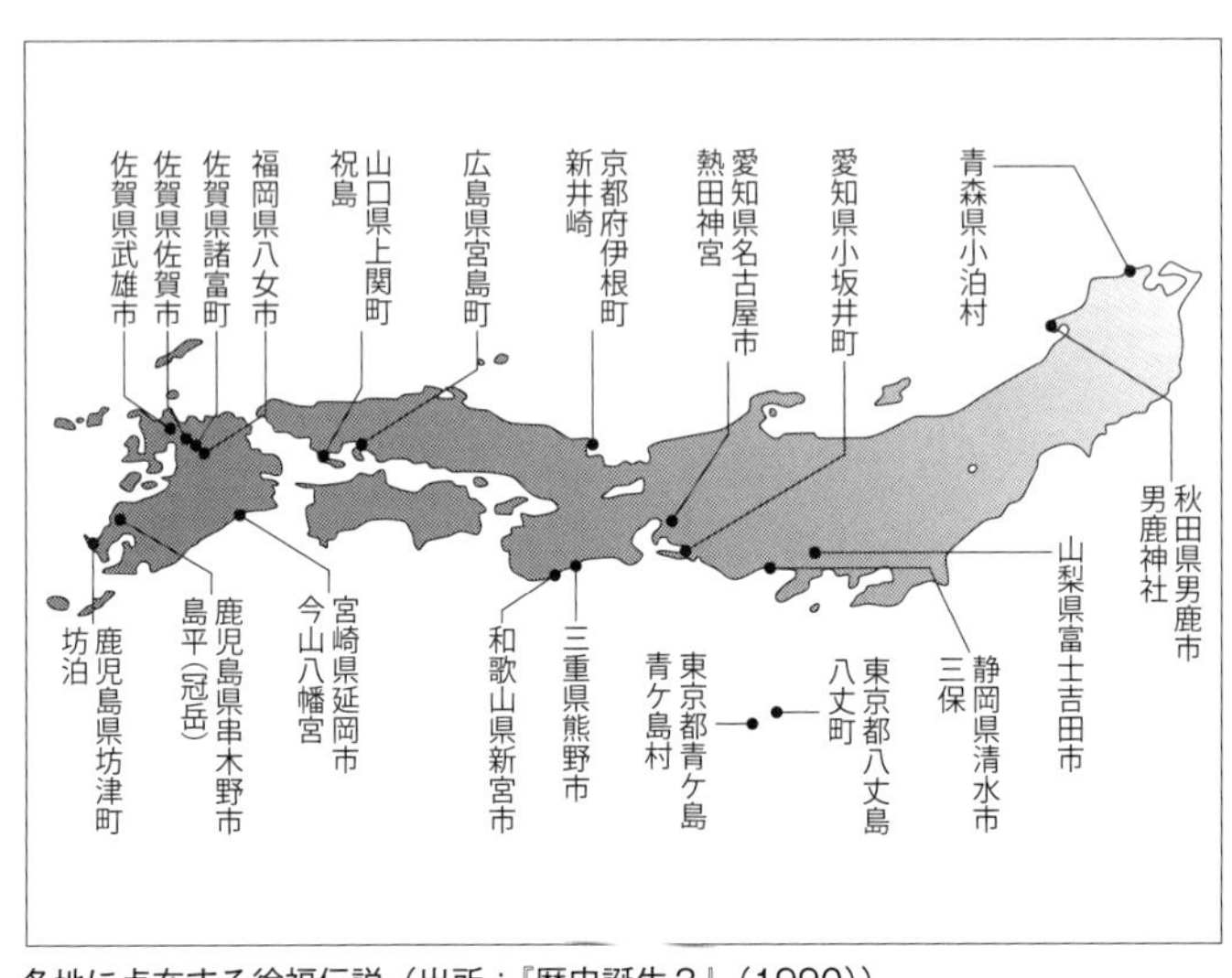

各地に点在する徐福伝説（出所：『歴史誕生３』（1990））

まま日本に住みついた。紀元前二一〇年始皇帝崩御、紀元前二〇八年徐福死去（『富士古文書』）。

江戸時代中期の伊賀の史家・菊岡如幻（にょげん）が『伊水温故』を書いた。これに「そのいにしえ御色（おいろ）多由也（たゆや）が、諜術を伝え」とある。この御色多由也こそ徐福の日本名だったとか、徐福の同行者だったとも言われている。熊野に入ったのち薬草を求めて伊賀にきて住みつき中国の先進技術を伝えた忍者の元と言われ、伊賀忍者の祖であると共に聖徳太子のブレインとして活躍した秦河勝の先祖であるとも言われている。また秦河勝は能楽の始祖でもある。

徐福の史跡は現在ＪＲ新宮駅近くに紀州藩の建てた墓、市の造った徐福公園がある。ほかに佐賀県、鹿児島県、宮崎県、山口県、三重県熊野市、和歌山県新宮市、山梨県富士吉田市、京都府与謝郡、愛知県などに徐福伝説がある。

役小角——忍術修験道場・飯道山を開く

仙人の仙術から忍者の忍術をたどる過程で見逃せないのが修験道。修験道とは、山に籠って厳しい修行を行うことで悟りを得ることを目的とする山岳宗教が仏教に取り入れられた日本独特の宗教である。また、修験道の実践者を山伏と言う。古代から甲賀を囲む山々は、鈴鹿と共に忍者の修業の山として知られる。今の甲賀市に位置し、水口、信楽、甲西の三町にまたがる飯道山（標高六六四メートル）、別名・飯道寺山の頂には飯道寺があった。私も子供のころはよく登ったものだ。足を持ってもらい上半身を乗り出す肝試しに使われる絶壁「のどき」や、鎖で登る険しいところもある。

明治の廃仏棄釈で同寺は、ふもとへ移されたが、山には紀伊の熊野、大和の大峰と並ぶ修験道の歴史が残る。わが国の修験道史の研究は、行智という修験僧が天保期に『木葉衣』二巻を書いたのが最初で、宇野円空が大成させたとされる。他にも、歴史学者・民俗学者で元東京教育大学教授和歌森太郎が史学民俗学的な視座から戦前に発表した『修験道史研究』（一九四三、河出書房）には、山伏と修験道場でのかかわりで忍者・忍術に関する記述は出てこない。しかし、戦後に発表した『山伏　入峰・修業・呪法』（一九六四、中公新書）で、甲賀・伊賀忍者についてつぎのように触れている。

「――なお、甲賀ものとか伊賀ものとかいわれる忍者部落をなした者たちも、そのもとをたださば山伏集落であったといわれるのである。中世、彼らは山間修業の間に、鍛錬によっていろいろの曲芸めいた離れわざをよくし得た。その面を徹底を徹底させて生きてきた流れが忍者部落の山伏である。――」

忍者の修験道場、飯道寺の開祖とされる役行者（えんのぎょうしゃ）は修験道の祖師として全国に多くの伝説を残している。本名は役小角（えんのおづぬ）だと言われ、その名はインドの有名な一角仙人を思わせる。その実像はよくわからない。平安初期（八一〇年頃）の仏教説話集『日本霊異記』には「孔雀（くじゃく）王の呪法を持ち、くしき験力で仙となり、空を飛ぶ」と書いてある。やはり仙人のことであろうか。

説話もいかにも伝説めいている。小角は大和葛城（かつらぎ）地方の神官・加茂役公（えのきみ）民の一族で孔雀明王経による密教の行法をする仏教徒だった。葛城山の岩屋に住み、仙力で飛行することができたと言われている。

小角はある時、神々に命じ大和葛城山から連峰の金峰山（きんぶせん）へ橋を架けさせた。これを見た葛城山の守護神・一言主（ひとことぬし）大神が恐れ、呪法で人をまどわすものと大和朝廷へ訴え出た。追捕使がつかまえようとするが、小角は仙術で姿を消す。ついに母親を人質に取り、小角を捕え、伊豆の島へ流したと言う。

だが、小角は神仙飛行を身に着けているので、昼間はおとなしく島にいても、夜になるとあの富士山に登り修業を続けた。三年ののちに大和に帰り、神仙になったというのが結末である。

この説話の終わりには「仏法の験術の広大なことを知れば、これに帰依（きえ）する人は必ずその証を得るだろう」と書かれている。仏法の功徳だ。これを社会的に見ると、奈良時代に国家仏教が大きく進出し、土着の山岳信仰が反撃をした。こうした動きが説話の背景になっている。

和歌森太郎は、役小角を「葛城山を根城にする一呪術者に過ぎない」と見ているが、『続日本紀』によると、小角の捕えられたのは文武三年（六九九）。わずか百年後にできた『日本霊異記』にこれだけ多くの小角の説話が登場する。さらに中世になると小角は飯道山など地の修験道の祖師としてさまざまな伝説の主となる。小角はこの時代、修験道と仙術のかかわりを象徴した人物と言えるのではなかろうか。

かつて史家の黒板勝美が残されている役行者の像を見て言ったそうだ。「像から察すれば彼は道家だ」と。ここらに修験道と中国の道教や仙術のかかわりが見えてくる。

飯道山山伏が神礼持って全国廻る
――山陰は山伏村の一かまえ――

いつ、どこで詠んだのかわからないが、松尾芭蕉の連句の一句である。近江を好んだ芭蕉が甲賀で詠んだのだろうか。

江戸時代、甲賀の村々で山伏村があったのは下磯尾、竜法師、野尻、池田、深川、塩野、杣中など飯道山東麓、杣川左岸だけである。

甲賀の山伏村の歴史は古く、室町時代以前と言われる。飯道山を拠点に修業する山伏たちは、飯道寺山伏の一員として大峰山に峰入り、一方で甲賀の村に定着して、村民に卜占・祈祷、医療など村民の願いに応じるような活動を行っていた。「里修験」（里山伏）として、各地の寺社（多賀大社、八坂神社、愛宕神社、伏見稲荷大社、長谷寺など）に属して、寄進を募る勧進や祈祷札を配る配札（寺社の札に合せて万金丹などの薬も配っていた）を生業としていた。「多賀大社文書」によれば、多賀社観音院の坊人は、すべて甲賀山伏で、各村で勧進をするための組を作って、中国・四国・信州で檀那場（配札地域）を定めていたと言う。甲賀の忍者たちは畿内ばかりでなく甲信越・中国・四国・九州に修験道ネットワークを張る甲賀山伏の修験者から多くを学んだに違いない。

飯道寺（出所：『東海道名所圖會』）

飯道寺は、少なくとも江戸時代までの修験道の世界では、全国的に知られていた。天長五年（八二八）、伝灯大法師安皎（あんきょう）の中興（いったん衰えたものを再び盛んにすること）で一山天台宗に所属した。

しかし明治政府の神仏分離政策により、明治五年（一八七二）に修験道を禁止した。飯道山上の寺院は廃寺となった。このため飯道寺は衰え、今は石垣だけが苔に覆われて残っている。それまでは、岩本院と梅本院という二つの院を中心に多くの山伏を支配していた。そこには、「正大先達」と呼ばれる最高の位の山伏もいた。

山上修験と言われ、ふもとには山麓（さんろく）修験がいた。これが山上修験を支える山伏集団だ。山伏は普段は林業や農業などを営み、時期がくると山伏の装束になってほら貝を吹いて山上修験と共に大峰山などへ行った。

京都・醍醐寺三宝院の門跡（祖師の法門を受け継ぐ寺院の住職）が文化元年（一八〇四）に全国の山伏を連れ、大峰山に入った時の山麓修験の中につぎの年番（一年交代でつとめる）組の名前の記録がある。下磯尾、竜法師、野尻、池田、小佐治、深川市場、水口、伴村、甲賀三十六。

これらの地名はいずれもの甲賀の山伏村を示すものと考えられる。

甲賀忍者の発明した薬

他方、『滋賀の薬業史』（滋賀県薬業協会）によると、「甲賀売薬」の起源は山伏（薬僧）から出たとする説と、甲賀忍者の発明とする説の二つがある。

また山伏姿で全国を回っていた甲賀の薬僧は多賀坊と朝熊坊の二つの系統に分かれる。多賀坊の本拠は甲賀市甲南町磯尾で多賀大社の不動院に属し、その神札を持って山伏姿で多賀信仰を説きながら全国を巡回して加持祈祷（密教で重視される仏の呪力を願う儀式）を行い、廻国行脚の信者への土産として「神教はらくすり」を渡した。朝熊坊の本拠は竜法師で、彼らは伊勢国（三重）朝熊嶽明宝院に属し、その祈祷札を持って全国を回り、朝熊信仰を広めた山伏姿の薬僧である。明宝院の祈祷札とみやげは「朝熊の万金丹（まんきんたん）」であった。

万金丹（出所：伊勢古市参宮街道資料館HP）

多賀坊・朝熊坊とも明治十七年（一八八四）に配札禁止令が出て本業を奪われ、従来副業だった「はら薬」と「万金丹」の製造を本業とし、配札先を配薬先に変えて営業をした。さすがは忍者の末孫。時の変化に敏感に対応して乗り越えた。その変わり身の速さはさすがである。甲賀売薬の起源と言われる「多賀坊」・「朝熊坊」のうち朝熊坊は明治二十四年（一八九一）に望月氏によって統一されて、共同製剤所となり、のちの近江製剤株式会社になった。なお、甲賀・日野での医薬品売上高は四九六億円（平成二五・二六年版　滋賀県の商工業）となっている。

山伏姿の薬僧と忍者

忍者は薬を使う。火薬、爆薬、睡眠薬、医薬それに携帯用食品。その数は何百種類に及ぶと言う。隠密として全国に旅をした。山伏姿の薬僧と忍者の変装は似ている。

『日本の名薬』に、「万金丹」、「神教はら薬」のことが記されている。抜粋すると

「――甲賀忍者で知られる江州甲賀の里に〝朝熊坊〟という薬僧（坊人）の家があり、朝熊岳明王院の祈祷札を配札する山伏系の廻国者がいて、配札とともに万金丹を施薬ないしは音物（贈り物）としていた（略）朝熊坊の本住地は、甲南町大字竜法師で、天台宗密教の甲賀の修験場であった飯道山の飯道寺が没落したのち、朝熊岳の真言密教に宗旨替えしたものらしい。戦後、甲賀の忍者屋敷として知られる望月家も朝熊坊の一つで、〝本実坊〟の坊名をもっている。この甲南町の大字磯尾には多賀坊があり、多賀大社に属する神宮寺としての不動院の配札を行った山伏である。この方は万金丹でなく、多賀大社の神のお告げという「神教はら薬」を施薬していた。これも飯道寺から宗旨替えした――」

と坊を名乗る家が山伏に関係していたと指摘している。

多賀坊の磯尾には、ほかにも奥の坊、中の坊、西ノ坊なども。朝熊坊の竜法師には、本実坊、との坊、新重坊、叶坊、脇之坊などを名乗る家々。柳田も、これを回国者の多い山伏系の村とは

甲賀流忍者屋敷

言ったが、忍者村とまでは、言いきれなかった。

山伏村に残る忍者屋敷からナゾ解きにかかろう。

忍者屋敷は製薬の秘密守る仕掛け

山伏の村、甲南町竜法師には、有名な「忍者屋敷」がある。それは近江製剤株式会社の社屋を転じて、現在は現存する唯一の「甲賀流忍術屋敷」として一般公開している。

屋敷は望月本実の居宅と伝えられている。望月本実家系図によれば、出自は信州の豪族で、新上田の真田家とは同族で、家紋は九曜星と記されており、屋根瓦には九曜星の家紋が見られる。室町時代からの由緒を伝える甲賀武士五十三家の名門である。

戦後、この屋敷を郷土史家中西義孝氏が、昭和三〇年（一九五五）にそのカラクリから「日本でただ一つの甲賀流忍術屋敷」と折り紙をつけた。ただし、同町磯尾の小山忠彦氏宅の離れ座敷「東雲舎」にも同じようなカラクリがあるとされる。

望月家は約二百六十年前の江戸時代の建物で、さまざまなカラクリが施されている。忍者屋敷は基本的に攻撃ではなく、防御や遁走のためのカラクリを施してあるのが特徴。内部はつぎのようになっている。

①外見は平屋、内部は中二階で屋根裏部屋の三層からなり、中二階などに隠遁が可能。
②階下奥座敷などの襖は、厚さ約三センチの板に紙がはりつけられており、刀や矢を防ぐ。
③木製の格子のように見えるが、すべて鉄格子に木を覆ってカムフラージュし、のこぎりなどでは切れないようになっている。
④網戸や戸板には取手がなく「栓板」をつけて、隠し錠となっており、締めると栓板が切込みにはまり開かない。薄いカードやハガキなどの紙や針金で栓板を上に挙げて栓板を外すと簡単に開けられる仕掛けになっている。
⑤押入れ床下の井戸には横穴があり分家の隣家に通じる。土蔵には二つの入り口があり、同時に開閉できる。

⑥中二階の格子は左右の操作で容易にはずれ、階下に飛び降りられが、カラクリを知らないと
　中二階に閉込められる。
⑦表と裏の間をつなぐ通路（押入れ）の一部に「どんでんがえし」の扉がついている。
⑧押入れの天井には隠れ階段があり、天井につるされているが片方を下ろすと使えるようにな
　り上った後はまた引き上げて隠す。
⑨押入れの裏側のふすまの上には槍や長刀かけをつけてある。
では、どうして山伏の家にこのようなカラクリがあるのか。

『忍の里の記録』著者石川正知氏は、つぎのように言っている。

「――カラクリは薬の製造の秘密を知られるのを恐れてつくられたと考えられる。特に『かくしばこ』でその上の『つし』といわれる広い屋根裏は原料倉庫。薬の製造の秘密を守ることは、薬草の採取や薬の行商をしている村の人たちの生活を守ることでもあったに違いない。

――」

現に望月家、小山家とも、配札や施薬を業としてきた。

また、『忍術』（平凡社）著者足立巻一氏は
「――望月本実家が忍者の家筋で、従ってその屋敷が忍者屋敷ということにはなるまい。こ

とになぜそのような装置をこらしたかというナゾが解けない。建築資材から見ても、せいぜい江戸時代後期のものだし、戦国時代や江戸時代初期ならともかく、後期になってなぜそんな自衛設備が必要だったのだろうか。――」

と言っている。

また、甲南町教育委員会、長峰透氏は、「甲賀流忍術屋敷と望月家」(二〇〇三)で

「――近世の配札、売薬業としての活動を併せてみてみると、からくりと言われているものの中には、防御の目的でだけでなく、薬を密かに保管するためのものではなかったかと思われるところもあり、天井裏などは薬の保管場所に最適でした。なぜなら当時、薬は神薬で製薬法は秘伝とされていたからです。しかし、それにしても数々の仕掛けは何のためのものだったのでしょう、どうしてもナゾとしか言えない部分が残ります。この家は農家と言うよりは、修験山伏の家屋でした。――」

と、忍者屋敷のナゾに言及している。

両家の持つこの巧妙なカラクリを忍者屋敷と断じるには、史科学的不足であると見る。では、製薬の秘密を守るという観点から後世に考え出されたカラクリなのだろうか。それにしては、巧妙で精密だ。やはり背景に、甲賀武士千年の伝統の自衛技術があったことを見落とせないのでは

なかろうか。

当然いろいろな見方もある。中西義孝氏はつぎの三点の見方をしている。

①望月一族が異変にあたり、互いに連携するための土蔵等床下の地下道を作った。

②甲賀への亡命者の隠れ家。

③宗教弾圧に備えた。

望月家には、飯道山修験道の先達が定住したとの伝承があり、天台密教との関連も深いようだ。

望月家に伝わる『忍術応義伝』

望月家は、甲賀五十三家の中では、望月出雲守の系譜を受け継ぐ。甲南町柑子（こうじ）に望月城を築き、本拠としていた。

望月家は、もともと信州（長野県）の出身。伝承では、平将門を征伐した功績で、清和天皇から甲賀郡池が平など十六ヵ村を与えられ、近江国甲賀郡主となり甲賀にやってきたと言う。薬僧（山伏）としては、朝熊坊に属する本実坊。三代目望月本実が江戸時代の初め一六七〇年ごろ、すでに「万金丹」などを製造し、施薬・販売をしていた。

この望月家に『萬海集海』ならぬ『忍術応義伝』一巻が伝わる。「正心ヲ第一トスル」と儒教的な『萬海集海』に対し、『忍術応義伝』は、明らかに天台密教を柱とする忍術の奥義書だ。前述したように飯道山修験道の先達は望月家に定住していたと言われる。このため、これら修験者が忍術の奥義書作りに大きくかかわっていたのではなかろうか。

『忍術応義法』の書き出しは

「――法華八抽ノ内第一ノ要文得無生法忍ノ忍タリ是則チ実相也草木国土悉皆成仏悟開ケテ菩薩ノ悟ノ位ヲ無生ノ宦ト云諸法ハ皆ナ実相二止ル（中略）時二和吟メ志能便ト名附給フ聖徳太子ノ御事ナリ――（原文のまま、以下省略）」

とある。

伝教大師・最澄の悟り「草木国土悉階成仏」、「諸法ハ皆ナ実相二止ル」と忍術の奥義が織り込まれ、「志能便（しのび）」の名を初めて使った聖徳太子も記されている。巻末には、

「――天正十四年丙戌年十一月七日　甲賀三郎兼家末裔　望月重家――」

とある。

全文は漢字で約二千字（系図部分を除く）で、現在は甲賀市が所蔵している。

『滋賀の薬業史』（滋賀県薬業協会）には天台密教と修験道のかかわりをつぎのように書いている。

「――古くから天台系文化が甲賀郡に根をおろし、後に飯道山が修験道として開かれるもととなった。中世に栄えた飯道山の修験道文化が磯尾・竜法師などふもとの山伏を育むことになった。――」

また、『甲賀市史』には、最澄開基伝承、杣谷の開発・支配と最澄伝承について緒が広がる。例えば、息障寺（甲南町杉谷）に伝わる室町時代の縁起や勧進状には、最澄が根

「――天台宗寺院が集中する杣川流域では、その開基を「最澄の杣入り」とからめて語る由緒が広がる。例えば、息障寺（甲南町杉谷）に伝わる室町時代の縁起や勧進状には、最澄が根本中堂創建のため良材を求めて当地に分け入ったことが述べられる。確かに奈良時代杣谷には「甲賀杣」が置かれ宮都や大寺社の造営に供給されたことで知られる。しかし、ここでは実際に最澄が来たかどうかは別として、古代以来の地域の開発と、天台の教線の浸透をからめて語ることが注目される。最澄の活躍はもちろん「杣入り」だけではない。杣人を悩ませる大蛇を退治するなど優れた験力も語られる。やはり室町時代に記された油日大明神（油日神社）の縁起は、それらをいわば集大成したもので、ここには通山大明神（油日岳の神）、聖徳太子、伝教大師最澄と大蛇を退治した橘敏保が登場する。いずれも武をもって仏敵や大蛇を退治・調伏する者として描かれるが、その背景には甲賀武士の支配がある。彼らの信仰や支配の正統性の主張を天台の僧が巧みに編集したのがこの縁起であろう。――」

と記されているように天台宗と山伏村、甲賀武士との関係性は大きいようだ。

甲賀に残る寺社の縁起・由緒や望月家のような名家に伝わる由緒などを見て行くと、天台密教—修験道—山伏村—甲賀武士は一つの系列に結ばれるのではなかろうか。

天台密教は、開祖の伝教大師・最澄が平安時代、比叡の山々に寺を建てるにあたって甲賀の山々の木を伐採した。また、天台宗を広めるために甲賀の地に多くの寺を建てた。中世から近世にいたっては甲賀は天台王国であった。甲賀の霊山では、天台系・真言系密教の山岳信仰が広まり、それが修験道へ、山伏村へ、そして広く甲賀五十三家の武士らに影響を与えたのではないか。『忍術応義法』は世代を越えて伝承された奥義が結実したものだろう。

火薬密輸コースに修験道?

戦国時代、忍者・甲賀武士団にとって必須の武器は火薬であった。『萬川集海』には「世間では、火器を忍術の要道の根源」と記されている。火薬の原料は、硫黄、木炭、硝石であった。その当時、硫黄、木炭は自給できたが、硝石（硝酸カリウム）、マンティカ（ポルトガル語、豚やイノシシなどの動物性油脂、膏薬の材料）は中国、東南アジアからの堺、博多等経由の密輸入であった。当時、忍者の火器類は二百三十三種あり、そのうち破壊用は百十一種で宝録火箭（手榴弾)、鳥の子(煙玉)、埋火(地雷)、取火(火炎放射器)、飛火矢(敵陣の放火)などがある。また、風雨でも消えない松明など照明用で百六種あった。このように火薬は武器として煙幕・弾薬・爆薬・火矢、照明として松明・篝火、合図・通信のための狼煙などに使われた。

甲賀町の忍術村村長柚木俊一郎氏調べでは、この密輸品の運搬コースは、羽黒山、白山、大峰山、英彦山など山の道(峰入りの道)だったと言う。

十五世紀、マンティカなどはポルトガルが東洋貿易を独占中、密輸品は中国経由で敦賀や堺の港に入り、山の道、修験道を伝って甲賀の忍者村へ搬入されたのであろう。琵琶湖水運を押さえていた甲賀忍者と密接な関係にある近江守護・佐々木家が密輸入にひと役買ったとも言われている。また琉球近海で出没していた倭寇(わこう)船群も密輸にかかわっていたかも知れない。

戦国時代、日本では硝石鉱床がなかったので、輸入に頼らなければならなかったが、硝石を床下などの古い土から抽出する日本独自の硝石生産法が発達した。加賀五箇山の硝石は全国一の品質であり、江戸、京、大坂に売りに出されていた。恐らく五箇山硝石は、白山―伊吹山―飯道山―大峰山の山伏山岳ルートで、甲賀の山伏村に入っていたのであろう。

平安時代、天台密教、真言密教は比叡山、高野山、熊野から大峰山へ進出した。山岳密教が広まる中で飯道山の真言系修験者らと甲賀山伏はつながった。また、油日岳の天台宗系の修験者は、油日神社を信仰する甲賀山伏とつながっていった。こう見ると、山伏・修験者らと忍者・甲賀武士団の結びつきが読めてくる。甲賀における天台密教は、意外な方向に発展していった。

甲賀三郎伝説

甲賀を舞台に『甲賀三郎伝説』というのがある。江戸時代に近松浄瑠璃や歌舞伎に取り上げられ、全国的に知られた。その原形は、今から六〇〇年ほど前に編まれた神社由緒の集成『阿居院神道修』。望月家の先祖とされる望月三郎こと甲賀三郎が主人公である。

『伊勢参宮名所図絵』には

「――信濃国(長野県)、望月の住人、諏訪左衛門源重頼の三男望月三郎は武勇にすぐれ、平将門の乱に軍功あり、近江国甲賀郡を領す。甲賀近江守と称し、のち伊賀半国をも支配した――」

とある。

甲賀三郎とは望月家に伝わる先祖望月三郎であると言われている。

『甲賀郡志』には

「――その伝記奇怪、架空の人物――」

と記述。

『水口町志』には

「――後世、甲賀武士の名を宣称されるこの地の土豪の祖形の説話――」

とある。

『甲賀市史』には、甲賀と諏訪信仰について

「――諏訪社の伝承が、なぜ遠く離れた甲賀を舞台としたのか、本当の所はよくわからない。しかし、甲賀では甲賀三郎伝説を自らの家や寺院などの由緒に収めるものがあることは事実である。その代表的なものが甲賀衆の一家である望月氏の出自と信仰伝承である。望月氏は少なくとも十五世紀には存在が確認できる杣谷の有力武士で、一族は甲南町域を中心に広がる。なかでも杉谷の望月氏は杉谷村地頭職を有し、戦国時代には織田信長の近江侵攻に対して、六角氏の甲賀での拠点として、最後まで抵抗したことでも知られる。――」

とある。

甲賀三郎伝説は説話的で、実在の根拠は疑わしいが「甲賀の伝説的英雄」として甲賀武士の成立や、中世の人々の甲賀に対するイメージを考える上で、謎解きのヒントがあるように思える。

なお、わが甲賀鵜飼家も甲斐の出であるという伝承がある。鵜飼家文書によれば

「――甲賀鵜飼党は甲斐の出である。藤原氏の流れであり、「天児屋根命」を祖とし「鎌足（中臣）（藤原祖）―不比斗―武智麻呂（南家祖）―巨勢麿―真嗣―高仁―保蔭―道明―尹文―永頼―能道―実範―秀綱―友実―能兼―範秀―続づき範秀は（高倉祖）である。又、工藤氏族二階堂経図には、惟景―景住（甲斐祖）とあり。――」

とある。

なぜ、甲賀鵜飼家が甲斐の出であるのか、その謎に迫るのはつぎの機会としたい。

民俗学者柳田国男が『物語と語り物』の中で

「――近江甲賀の地頭の三男、諏訪三郎諏方（甲賀三郎兼家）は、二人の兄をさしおいて父の後継者となる。奈良の春日明神の宮司の孫娘で麗しい春日姫を妻に迎える。兄の次郎はこの三郎を妬み、シカ狩りに出た折、三郎を地底に突き落としてしまう。地底の三郎は、食べなくても空腹にならない雙紙（そうし）（草紙）、やみ夜を照らす日光剣、魔除けの面影の鏡という三つの神通力に守られ、さまざまな国を回る。最後に維摩国（ゆいまのくに）で、その国王の娘を妻として十三年半を過ごす。しかし春日姫のことを忘れられず、ついに地上に戻ってくる。シカ皮を食べながら帰途につくが、長い地底の生活で三郎の姿はヘビに変わっていた。しかし、近江の兵主大明神の化身である不思議な老僧の力で人間に戻ることが出来た。春日姫にも再会し、兄次郎を追っ払い、甲賀郡の支配者として幸せに暮らす。――」

とある。

『朝日　日本歴史人物事典』では、甲賀三郎について

「――信州諏訪明神として祭られた伝説上の人物。中世唱導物の典型である『神道集』の「諏訪縁起」で説かれている。近江国（滋賀県）甲賀郡の出身。その地の地頭で甲賀三郎訪方のこと。妻春日姫を天狗にさらわれたため、そのあとを追いかけるが2人の兄のはかりごとにより蓼科山の人穴に突き落とされ、地底の国々を遍歴する。地底の国々には、農業を営む村々が多くあり、甲賀三郎は各村でもてなされる。最後に維縵国にたどりついた。そこは毎日鹿狩りを日課とする狩猟民の村で、維摩姫から手厚く遇されて月日を過ごすが、春日姫のもとに戻る気持ちが高じて、ふたたび地上へ脱出をはかる。その間さまざまの試練に遭遇したが、やっと浅間岳に出ることができた。そして本国の近江国甲賀郡の釈迦堂にきて、自分の姿が蛇身になっていることに気づいて、わが身を恥じ隠れたが、蛇身を逃れる方法として、石菖の植えられている池に入るとよいことを知り、それを試みて元の姿に戻り、春日姫と再会することができた。甲賀三郎は、地上から異界である地底国を訪れた人物であり、地底の人々からみると、地上からやってきた異人とみなされている。ふたたび現世に戻ったときは異界の姿すなわち蛇

身となっていたが、その地底国は、あまり地上界とは変わっていない。農業と狩猟が主たる生業となっており、のちに甲賀三郎が、狩猟神と農耕神をかねる諏訪明神の性格を反映しているといえる。――」

とある。

この説話は、信濃国諏訪神社の由緒記として伝えられ、甲賀三郎も、春日姫ものちに諏訪明神として祀られている。

甲賀三郎伝承のある水口町大岡寺について『世界大百科事典』には

「――甲賀郡甲南町の人々は、甲賀三郎を実在の英雄と信じ、岡町塩野の諏訪社を氏神と仰いでいる。諏方系といわれる〈諏訪縁起の事〉に対して、兼家系といわれる甲賀三郎譚が、近江国甲賀郡水口町岡山のふもとにある大岡寺(だいこうじ)の観音霊験譚に組み込まれながら伝承されている。

――」

とある。

大岡寺所蔵の甲賀版『大岡実録観世音利世記』には

「――観音堂の床下に、ヘビとなってひそむ三郎がお参りの人の昔話から、自分が兄の次郎によって地底に落とされたという真相を知り、観音様のおかげでヘビから人間の姿に戻ることが出来た――」

とある。

鵜飼修三氏は

「――甲賀三郎は、地底でも七十二ヵ国を放浪し、今も諏訪明神として放浪生活を送る旅芸人の信仰を集める。ここで甲賀とのかかわりが考えられるのは、物語の最初にあるシカ狩り。また三郎が地上に帰る道でシカの焼き皮を食べる話。これは維摩姫からもらった四百八十六枚で飢えをしのぐ。鈴鹿山系には、今もニホンカモシカが生息する。鈴鹿の山間地に生きた甲賀忍者の先祖らは杣人や狩人として放浪生活?をしていた。けものを追い、鳥獣の鳴き声を真似、獣皮をかぶって獲物に近づいた。その忍技は、狩猟生活の中でさまざまな動物に学んで身につけた知恵だろう。忍術の原形がしのばれる。甲賀三郎伝説は、農耕以前、狩猟生活をしていた人たちが、つくり上げた物語か。忍術とのかかわりが面白い。――」

と甲賀忍者に絡めて持論を展開している。

『日本大百科全書』の「諏訪信仰」解説には

「――「長野県諏訪市にある諏訪大社を尊崇する全国的信仰。祭神は建御名方神（たけみなかたのかみ）とされるが、この神は『古事記』の国譲りの段によると、国譲りを不服として高天原（たかまがはら）の使者と闘争して敗れ、科野国洲羽海に逃れて、その地に封ぜられたと伝えられる。すなわち、神代以来の古社であり、全国に勧請された分社は約1万を数えるともいう。この信仰は、かつては諏訪神人とよぶ遊行者によって流布されたもので、その分布状態からみると、北陸から信濃にかけて居住していた出雲系族類による信仰に起源するが、時代によって変遷がある。大昔は狩猟神として尊敬されたが、農耕時代には農耕神として、また武家時代になると武神として全盛を極めた。後白河法皇撰の『梁塵秘抄』には「関より東の軍神、鹿島香取諏訪の宮」とみえ、大和朝廷の軍神と並んで武士の守護神とされ、のちには日本第一大軍神とよばれ、戦国時代には甲斐（山梨県）の武田氏、徳川氏の守護神として信仰された。現在は、健康の神、水利の神として広く信仰されている。――」

とある。

甲賀では、自然・社会環境の変遷の中で、諏訪神は狩猟神（古代）―農耕神（古墳時代）―武士の守護神（中世・戦国時代）―水神・健康の神（近世以降）と祭神は変わっているが、現在も郷土を守る神として祀られている。

諏訪縁起絵詞（都城市教育委員会提供、諏訪神社所蔵）
諏訪神社の由来を絵と詞書でつづった巻物で、主人公「甲賀三郎」が地底を巡り歩き、さまざまな事件の末、姫宮の大明神と結ばれ、諏訪大明神となっていく姿が描かれている。

第三章　甲賀忍者（歴史編）

甲賀の地で、なぜ忍術が生まれて、忍術を操る甲賀忍者がどのように甲賀の地で、変わり行く時代の中で、変遷をとげて行ったのか、『甲賀市史』『忍びの里と甲賀武士』『甲賀の歳月』等の文献資料等によって、甲賀の地勢・地政を踏まえて、太古・古代、中世、近世と順を追ってまとめた。

太古・古代

●太古の時代

二億五千年前、甲賀地方は海中にあり、石灰系の有機物質が積もり、海底火山が活動していた。八千万年前〜六千万年前、東側の鈴鹿山脈が胎動し、花崗岩が顔を出す。三千万年前〜千五百万年になると太平洋の海岸線は、信楽・水口・土山の線。これが南北に上下しつつ南へ退く。一五百万年前〜五百万年前には、甲賀は準平原となり、今の琵琶湖は山地。川が北から南へ流れていた。火山灰が粘土に変わり、信楽に良質の陶土層ができる。四百三十万年前になると、現在の三重県の伊賀地方から甲賀町の南に誕生した湖（古琵琶湖）は四百万年前から百五十万年前にかけて、南から北に移動し、現在の琵琶湖にいたったと言われている。古琵琶湖ができる。三百万年前～二百万年前、今の琵琶湖の位置が沈んで甲西町三雲の辺りから北東へ佐山湖が移動。湖底の泥が固まり古琵琶湖となる。百万年前～一万年前、肥えた洪積層に草木が群落を作り、動物がふえる。一九八八年に野洲川河川敷で象の足跡が発見され、また水口町の野洲川河川敷でも象と鹿の足跡の化石が発見された。調査の結果この足跡は二百三十万年前に生息していた「ステゴトン」と呼ばれる古代象であることが判明した。琵琶湖北部の沈降が進み、佐山湖も消える。甲賀全域にシイ、カシ等照葉樹混合の甲賀大密林地帯が出現した。

●縄文時代（一万五千年前～二千三百年前）

一万二千年前の「縄文時代」の石器が土山の「野上野遺跡」で見つかっている。水口町では泉の「塚越古墳」で土器片が見つかっている。また油日では、縄文早期（一万～六千年前）の押型文土器が発見されている。石器、土器の分布から、野洲川、杣川、大戸川流域の山間部に縄文人が生活していたのがうかがえる。

●弥生時代

弥生時代の遺跡は、現時点では確認されていないが、土山町山女原山中から伊勢湾地域の特色を持つ弥生時代末期の土器が発見されており、鈴鹿山脈を挟んで弥生人の交流があったと思われる。このころに金属器が入ってきて、農耕用に鉄器を早く取り入れた部族とそうでない部族では生産性の差が生じ、貧富の差が生まれた。武器に鉄を利用すると強い村が弱い村を従えて大きくなった。そして、灌漑や水害を防ぐ工事を行い鉄の農機具を用いて生産性を高め、小さい国を統合して国家を作り上げた。

●古墳時代

甲賀・水口に関する史書では、『日本書紀』に「垂仁天皇」は天照大神を祀る聖地を求めるにあたり、皇女「倭姫命」にその大任を命じた。倭姫命は近江の国や美濃国に聖地を探したが適地が見つからなかったので、伊勢の国に行き五十鈴川の川上に斎宮（伊勢神宮）を立てる聖地を見つけたことを報告した。このことについて、「倭の大神」（倭大国魂神）は「大水口宿祢」に神懸かりとして、天照大神だけを祀るのは手落ちで、倭大神も祀る様にということを、垂仁天皇に伝えたと伝承がある。

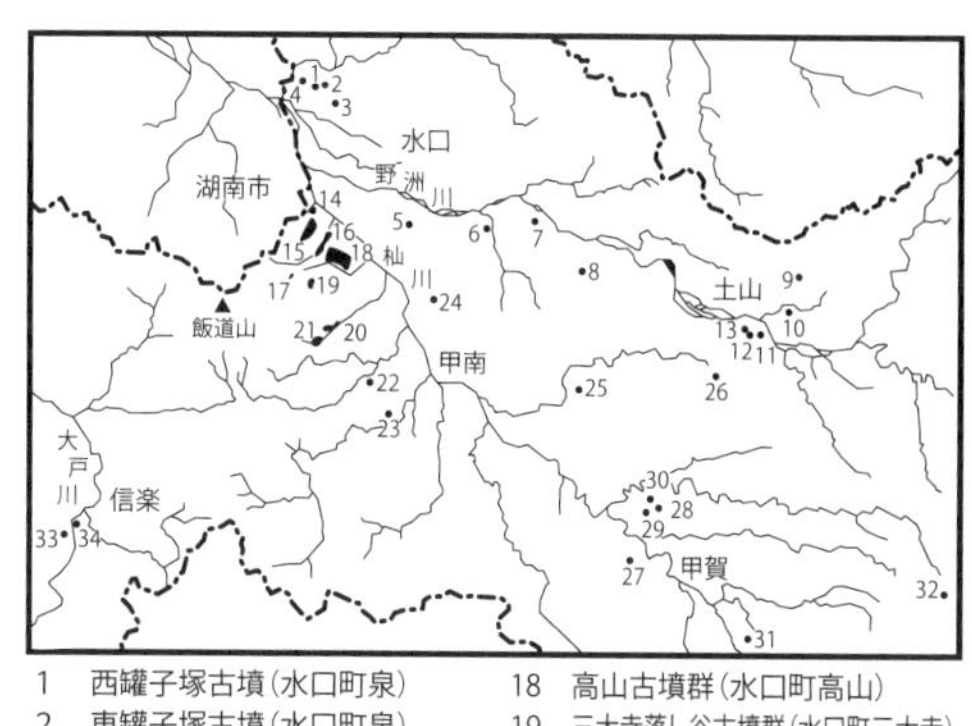

1　西鑵子塚古墳（水口町泉）
2　東鑵子塚古墳（水口町泉）
3　泉塚越古墳（水口町泉）
4　岩がまえ古墳群（水口町泉）
5　川田山古墳群（水口町北内貴）
6　高塚古墳（水口町水口）
7　波涛ヶ平古墳群（水口町水口）
8　嶬峨古墳群（水口町嶬峨）
9　八束古墳群（土山町市場）
10　王塚古墳（土山町市場）
11　岩室塚穴古墳群（甲賀町岩室）
12　虫塚古墳（甲賀町岩室）
13　鑵子山古墳（甲賀町岩室）
14　岩坂古墳群（水口町岩坂）
15　岩坂南古墳群（水口町岩坂）
16　百合野古墳群（水口町岩坂・高山）
17　奥百合野古墳群（水口町高山）
18　高山古墳群（水口町高山）
19　三大寺落し谷古墳群（水口町三大寺）
20　城川古墳群（水口町三大寺・牛飼）
21　三大寺桜ノ馬場古墳群（水口町三大寺）
22　牛塚古墳（甲南町塩野）
23　杉谷古墳（甲南町杉谷）
24　森尻古墳（甲南町森尻）
25　隠岐古墳群（甲賀町隠岐）
26　小佐治古墳群（甲賀町小佐治）
27　滝古墳（甲賀町滝）
28　相模古墳（甲賀町相模）
29　西垣外古墳（甲賀町相模）
30　武士塚古墳（甲賀町相模）
31　山崎古墳（甲賀町油日）
32　岩ヶ谷古墳（甲賀町櫟野）
33　勅旨古墳群（信楽町勅旨）
34　保良山南古墳群（信楽町勅旨）

甲賀市内の古墳分布（出所：『甲賀市史』）

古墳時代の代表遺跡である古墳は、中期の西鑵子塚古墳・泉塚越古墳（水口町泉）、後期では岩室塚穴古墳（甲賀町岩室）がある。後期から終末期にかけて、野洲川、杣川に沿う山縁に横穴式石室がある群集墳が築かれた。とくに飯道山麓にある、数百基を越える群集墳は、甲賀群集墳と呼ばれている。この頃には、ヤマト政権に直結した有力な豪族が甲賀を治めていたのであろうと指摘されている。

●飛鳥・奈良時代

「敏達十三年（五八四）秋九月、百済（くだら）より鹿深（かふか）臣来たり、弥勒（みろく）石像一駈（く）あり……」とあり、六世紀末前の　千四百年ほどまえに。古代朝鮮の百済から「鹿深」という人が来て、甲賀の地に住んだ。この「かふか」がのちの「こうか」になり、この人の名前から「かふか」「こうか」の地名になった。

――秋くれば　かふかの山に立つきりを　うみともみつる　波たたなくに――（柿本人麿）

甲賀は、古くから「かふか」と呼ばれ、「鹿深」、「甲可」、「甲香」などと書かれた。今も「こうか」と濁らず発言されている。

このように『日本書紀』敏達天皇十三年（五八四）九月に、百済から弥勒石仏を持ち帰った「鹿深臣（かふかのおみ）」の記事、壬申の乱を記した天武天皇元年（六七二）六月二十四日条に「鹿深」の記事等から、奈良時代には、甲賀（コウカ、カフカ）と表記されていたのだろう。

忍術の始まり

それでは、甲賀の地にどうして忍術が芽生えたのだろうか。その自然、産業、民俗などから経過を追って行こう。

甲賀市役所周辺

『萬川集海』では「それ軍法は上古伏義帝より始まり……」と紀元前三千年の中国大陸・古代国家の戦術を初めとしているが、甲賀での忍術を使った戦いは、七世紀の「壬申の乱」が初めと言われており、古墳時代の倭国大乱では、忍術が使われていたかもしれない。

『甲賀市史』の「地勢概要」よれば

「――最大の河川は鈴鹿山脈を源とする野洲川で、市地域のわずかに西で支流の杣川を合わせ琵琶湖へ向かう。また信楽山地を源流とする大戸川と信楽川は直接瀬田川の注ぐ。このことから地理的には、野洲川に沿う「甲賀谷」、その支流の杣川に沿う「杣谷」、そして信楽山地に囲まれた「信楽谷」に大きく三区分できる。集落は主に山間の斜面や、川沿いの河岸段丘、そして丘陵地が樹枝状に侵食された開析谷に点在し、その景観は「かくれ里」と形容される。但し、野洲川と杣川が合流する水口町西部には、比較的広い沖積低地の水口平野が形成されその開発も早い。（略）古代より都に近く、また近畿と伊勢、東海地方を結ぶ要地にあることから、古代官道の東海道、中世の伊勢大路、近世の東海道が貫通した。特に近江・伊勢国境上には名高い鈴鹿峠が開かれ、祭斎王群行や伊勢神宮への勅使の通行をはじめ、将軍や諸大名、文人や商人、参宮の旅人が往来した。――」

とある。

わが鵜飼一族は、「杣谷」を拠点として、荘薗時代、中世には地域開発をすすめて領地を拡大していったと言う。

鵜飼修三氏は、甲賀での忍術が生まれた背景には

「――背後の山々は深く、人々は野洲川上流の杣川、信楽谷の信楽川など諸流のつくる谷あいに住んできた。農耕以前の古代から杣人（きこり）と狩猟が主な生活の支えであった。霧が海のように見えると柿本人麿がうたった山並みは、鈴鹿山系や飯道山と連なる天然の修業場であり、忍者の古里だ。地質の上から見ると、甲賀から伊賀盆地までは、古琵琶湖とされ、第三紀から湖が広がっていた。鈴鹿山脈は、滋賀県の東部、北は不破の関から南は布引山地に連なり、紀伊山脈とT字形にぶつかる延長九十キロの高地。標高千メートル以上の峰が多く、山地の両側には

水口町空撮（出所：Googleマップ）
写真下が杣川、杣川南西河岸丘陵が鵜飼一族の拠点

それぞれ甲賀、伊賀が位置する。あちこちに断崖があって今も登山家のロッククライミング（岩登り）の練習地に。その鈴鹿は、天然記念物カモシカの生息しており、マタギの狩猟場でもあった。農地が少なく生計を立てるには狩猟と木材生産をもととした生活をしていた。杣という地名があるように植林から伐採まで杣人して木こりに頼る生活した。山地に囲まれ、山道や岩場を駆け巡り、甲賀衆は日常生活でも忍者としての体力と知識を会得していった。登りの断崖に恵まれた地形、深い森林での忍術とは、このような自然の条件が生んだ素朴な自衛力を備えていった。――」と甲賀の森林豊富な自然環境と都との交流など開けた社会環境があったとしている。

甲賀に忍術が発達した理由

地政学的要素……高い意識の人々

都に近い	奈良・京都ともに近く、東大寺等に材木供給。中央政界と人脈。貴族大寺院の荘園。
大陸との通路	6世紀　鹿深臣(かふかのおみ)甲賀郡入植、7世紀　鬼室集信蒲生郡入植。
東国との通路	有力姓氏（藤原、橘、伴、大江など）の定着、落ち武者の定着。
山がちの地形	守りやすく攻めがたい地形で覇者が出ず、共存。守護も統治を手放し自治へ。

宗教的要素……心に迷いなく、武術も強い

古神道(自然神、山岳信仰)	荒ぶる神の内在化で自然と一体化を目指す。
呪術(陰陽道)	他人の心理を読み、自身の心の安定を占いに求める。
仙術(道教、長寿薬)	修行の道が役の行者（役小角）により修験道へ。
密教(山岳仏教)	修験道に大日如来を介した理論づけをし、山伏として実学を学ぶ（飯道山）。

技術的要素……知識・技術のレベルが高い

渡来文化	稲作技術、製鉄技術、薬学、火薬、鉄砲など
薬学の発達	伊吹山や飯道山は薬草の宝庫
杣人の技術	刃物、山仕事、いかだ技術

社会の変化……農奴から自治のできる高度な人々へ

大森林地帯	狩猟民、牧場……甲賀三郎（伝説）
肥沃な耕地	貴族や大寺院の荘園とその荘園の崩壊……中世郷村（惣村）制による百姓の自治
守護の形骸化	地侍の台頭と甲賀郡中惣（甲賀郡レベルでの自治）の確立……甲賀武士団の成立

甲賀に忍術が発達した理由（出所：『忍者検定読み本』）

コラム

ブータンの防衛システム

二〇一三年、私はブータンに行ってきたが、山地に恵まれたこの国はトンネルも橋もない。選挙の投票に行くのに腰弁当を持って三日掛けて行く、道路が谷を遠回りしているから外国が攻めてきても攻められない。

また国技のスポーツがアーチェリーで一四〇メートルほどの距離に人型の的を置きそれを射る競技が国民に行き渡っている。敵が攻めてきても弓だと音がしないので有利でありアーチェリーさえあれば矢は竹でいくらでもできる。超エコの防衛である。

守りやすく攻めにくいブータンはまさしく甲賀の地と同じ防衛システムを維持している。正規軍の兵隊は一万人以下であるが国民の半分の男子一四～一五歳以上がいざとなれば数万人の兵士になる。

甲賀の地も普段は木こりや農業をしている百姓だがいざとなれば皆が兵役に就くようになっていた。

郡内に牛馬の大牧場

『甲賀郡志』では、このあと郡内に「甲賀牧」という牧場が二つ登場する（『日本紀』）。

天智七年（六六八）、天智天皇が、政治を大きく改める折のことだ。近江、丹波、播磨など関西の諸国に牧場が開かれ、牛馬が飼われた。その一つが「甲賀牧」で現在の甲賀市土山町頓宮牧と甲賀市信楽町牧がその位置と考えられる。頓宮牧が付近の十七ヵ村に、信楽牧は甲賀、伊賀の七ヵ村に接した。古くからの狩猟地だけに面積が広く、牛馬の飼育頭数も多かったと思われる。牧場は当然畜産だけでなく、牛馬の輸送の車両や武器・兵器の製造、もして、当時の軍事用輌の役割も持っていた。

大海人皇子（のちの天武天皇）が、壬申の乱の時、不破から鈴鹿一帯の要所を抑えるにあたって使用した大量の牛馬は、「甲賀牧」から調達された。

現在も信楽町牧に近い甲賀市水口町に牛飼という地名があり。この辺りに牛飼い場があったと地名から推測される。今も肉牛として有名な「近江牛」もこの牧場がもとになったと考えられる。

全国的にも兵庫県北部の但馬牛（たじまぎゅう）、三重県の松阪牛。岩手県のチャグチャグ馬コの役馬、会津若松の赤べコ（赤毛牛）など「甲賀牧」に負けない伝統を持つ牛馬たちの古里がある。いずれも中国渡来の文化を誇ったと想像される。蛇足だが、生きている牛は「うし」肉になると「ぎゅう」

と言う。

東大寺・興福寺・延暦寺に用材供給

一方、甲賀地方は古代からの大森林地帯にあり、ヒノキ、スギ、ケヤキが茂る丘陵地が多く、建築用材が限りなく産出されていた。比較的なだらかな山で木材が搬出しやすく、杣川などを使い用材を筏で搬出するのが容易だったため、農繁期以外の時は木こり作業の収入で人々の生活を支えた。郡北部には、東西に野洲川が貫流しており、甲西町三雲で杣川と合流したのち琵琶湖へと流れる。南地方は、信楽町の中心部を信楽川（大江戸）が通って、瀬田川と繋がる。

古代の宮都、官大寺への用材供給ルートとして甲賀谷と信楽谷。この二つの谷を流れる川が運搬に利用された。

搬出された木材は、大寺なら、奈良時代の東大寺から始まり、興福寺、延暦寺、石山寺……、荘園なら、信楽荘、桧物荘（ひもの）、伊勢神宮の柏木御厨（みくりや）などの造営に用いられた。

これらはすべて国家的な造営事業であり、甲賀郡では、東大寺造営、石山寺の増改築用材を伐り出すために奈良大工が甲賀に移住させられ、そこで世に言う「甲賀杣大工」が生まれた。また、用材を管理する官営の山作所（さんさくしょ）が置かれた。また、用材を運び出すために野洲川、杣川の要所には矢川津（現甲南町）、三雲川津（現甲西町）など川津（川の港）が設けられた。

当時、甲賀の人々は、平時においては木こりなどをする普通の農民がほとんどであった。大牧場「甲賀牧」での牛馬の飼育、乗馬、牛馬の搬送や、「甲賀杣」からの樹木伐採、伐採用具の精製、用材搬出、水路の舟運など、日々の生活に要する技術も多様だった。

このような生活の技、大森林地帯、肥沃な大地、豊富な水資源が忍術の技を極めて行くのに大きく役立った。都に戦乱のあるたびに甲賀は奈良、京都から近く、山が入り込んでいたために隠れやすく、公家や貴族、武士らがこの地に逃れたため、都の文化や新技術が持ち込まれ、忍者の技術や文化の集積地として力をつけていった。こうして甲賀の地に忍者の集落ができ上がっていった。

荘園時代

奈良時代、農地増加を図るために有力者が新たに開墾し私有した土地を「荘薗」と言う。大化の改新の目的は、土地の公有と人々の富の平等化にあったが、一部社寺や開墾地などの私有地を認めたために、それが荘園となり、それ以降爆発的に増えていった。平安時代には、小規模な免税農地からなる免田寄人型荘園が発達し、その後、皇族や摂関家・大寺社など権力者へ免税のた

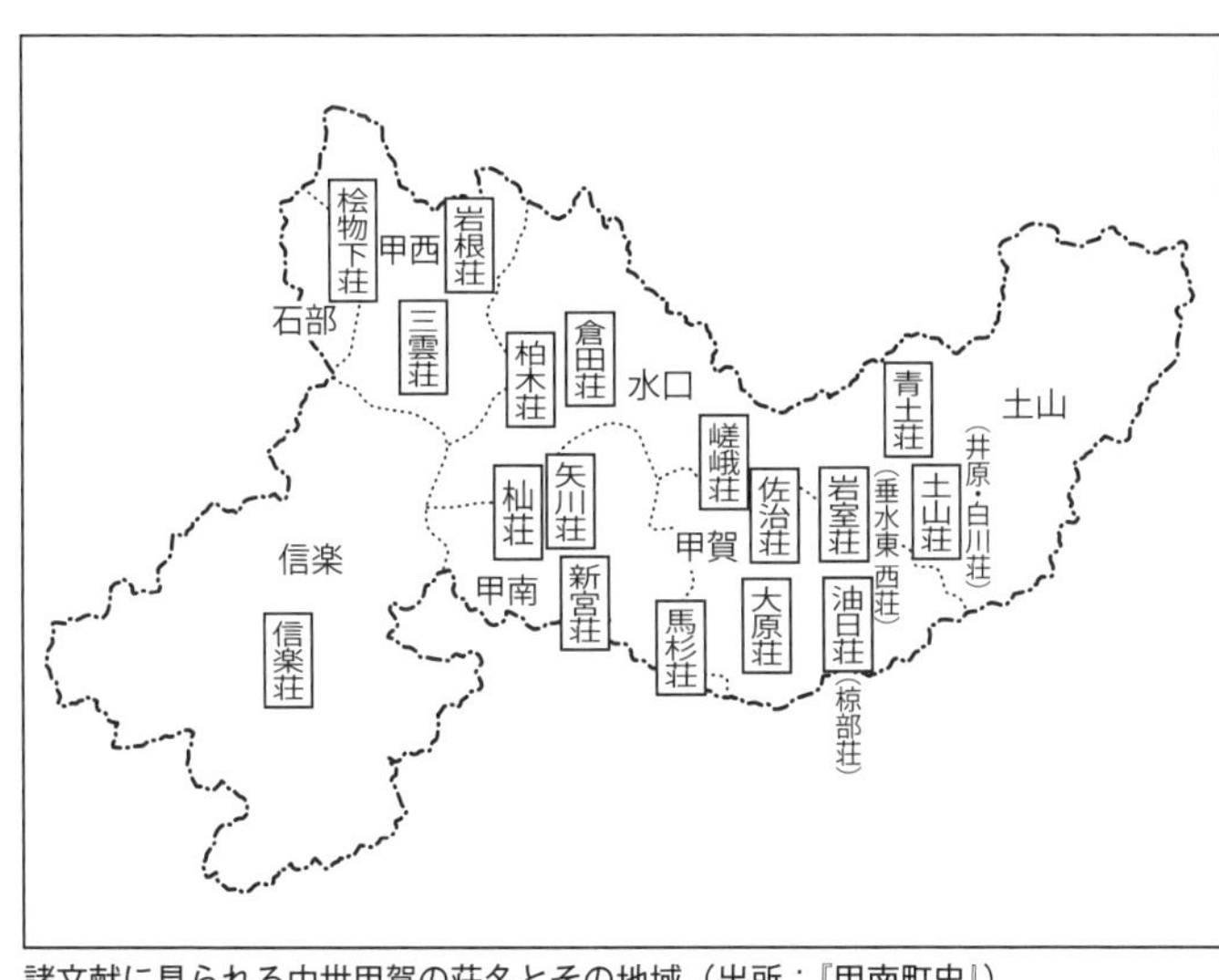

諸文献に見られる中世甲賀の荘名とその地域（出所：『甲南町史』）

めに寄進する寄進地系荘園が主流を占めるようになった。

都に近い甲賀の地での「荘園」は、奈良時代の大和国弘福寺領の蔵部荘（甲南町寺庄）が始まりである。平安時代になると甲賀でも荘薗が広がった。

甲賀地域内一円に見られる荘園名

『甲賀荘園記録』には、広く旧甲賀群域内一面につぎの十七の荘園の名がある。

桧物下（ひものしも）荘（石部駅＝十一ヵ村）、三雲荘（三ヵ村）、岩根荘（三ヵ村）、柏木荘（十四ヵ村）、倉田荘（水口駅＝美濃部村）、嵯峨荘（九ヵ村）、佐治荘（八ヵ村）、岩室荘（七ヵ村）、土山荘（土山駅＝十ヵ村）、青土荘（四ヵ村）、油日荘

（八ヵ村）、大原荘（八ヵ村）、馬杉荘（七ヵ村）、矢川荘（八ヵ村）、新宮荘（八ヵ村）、杣荘（十一ヵ村）、信楽荘（十八ヵ村）。

甲賀では、用材、木工品供給を担う時の権力者藤原氏の重要荘薗が多く、その一つの柏木荘は平安時代末期には伊勢神宮領御厨（天皇家や伊勢神宮に供祭物を贈る大きな所領）になっている。また、近衛家領の信楽荘は、戦国時代まで維持された。

荘園を持つ貴族や社寺は、現地の経営に倉屋（事務所）を置き、農民に年貢や雑役を課した。その後、武将の持つ荘園は雑役夫を足軽兵にするため訓練した。

豊臣秀吉の天下統一まで、甲賀ではそれが半農民半兵士として、重宝がられた。甲賀武士と言っても「半農半兵」の時代には武士も平素は荘園の農夫として働いていたと思われる。

荘園が増えると、各地で国の出先の国司らと荘園にいる荘官や名主（自営農）らが勢力争いを始めた。同じことが荘園相互でも起こった。こうして領地をめぐる戦いの時代に入る。荘園では、荘官や名主が武装して武士となった。一族の結束を強め、下人の農民も組織する。この抗争の結果、力を付けた荘官らの中には地域の武士から領主になるものもいた。

武士団が平氏や源氏に

国側の国司らも、私有地の荘官に負けられないと、武士になった。これら武士団の最有力者が平氏や源氏だと言われる。甲賀武士も、こうした時の流れの中から生まれた。同族は、「惣」となって団結を強めた。次々と力を付けて土豪となり、五十三家や二十一家が生み出された。甲賀武士の名門・山中氏は、鈴鹿に近い山中村の地頭。山中氏も「柏木御厨（みくりや）」と呼ばれる現水口町西半分を占めるほどの荘園の荘官であり、鈴鹿の警固役も兼ねていたが、「柏木御厨」の保司職を得て次第に名田を広げていった。なお、信楽荘は、多羅尾氏（江戸時代も代官職世襲）が実効支配した。

近江源氏――宇多源氏佐々木氏

近江源氏は、宇多源氏佐々木氏流と言われる。平安時代中期、近江国蒲生郡佐々木庄に下向した宇多源氏源成頼の子孫で、その後武家として繁栄して代々近江の守護として勢力を持った佐々木氏の一族である。世々源氏の郎党となり、成頼の玄孫にあたる佐々木秀義は、保元の乱（一一五六）で、天皇方の源義朝に属して勝利したが、平治の乱（一一五九）、義朝に属し戦うも敗れたため、近江国を追われ、一旦関東へ落ち延び、約二十年間渋谷荘に籠居した。その後、治承四年（一一八〇）、源頼朝が石橋山（現小田原市）で兵を挙げた時、近江から馬を駆ってかけつけた。佐々木氏と甲賀武士は同盟を結んでいたので参加したのであろう。その際の近江源氏大将が第九代佐々木秀義であった。佐々木一族は、通称観音寺山（現安土町）を根城に栄え、別名を宇多源氏とも呼ばれていた。

秀義は、寿永三年（一一八四）伊賀、伊勢から攻め込んだ平家の残党を大原荘油日（現甲賀町）に迎え討って戦った。しかし、七十騎を相手に奮戦中、流れ矢にあたって七十三歳で死んだ。その後平家も敗走した。この戦いは、源平合戦甲賀版で「油日合戦」と呼ばれる（『水口町志』）。

佐々木家は、のちの長い間、近江の守護職をつとめる。甲賀武士とのつながりが大きく、むしろ運命を共にしたといったほうがよいだろう。

甲賀武士の盛衰を辿る前にもう少し、佐々木一族の歴史を見ておこう。

佐々木家は、皇統譜による第五十九代宇多天皇を太祖、敦実親王（あつみのみこ）を始祖としている。秀義は、源頼朝に従い、源平合戦で数々の武功を挙げた。屋島の戦いで知られる弓名人、那須与一（なすのよいち）も一門である。佐々木一族は全盛期に、日本全六十六余州のうち四分の一に及ぶ十七ヵ国を領有支配していた。

源平合戦に勝ち天下を取った頼朝は、佐々木一族に対する恩賞として秀義の息子五人にそれぞれ数ヵ国の守護の職を与えた。このうち長男の定綱に与えたのが、近江はじめ長門、石見、隠岐の四ヵ国の守護の職だった。四男の高綱は、頼朝の命で蒲生郡の湖畔に父・秀義を祀る長命寺を建てた。遺体は伊賀・阿山郡大山田村の新大寺に葬っている。

他方、蒲生郡安土町には、佐々木一族を祀る沙沙貴神社が残る。近江には太古から先住の狭狭城（ささき）や沙沙貴を名乗る一族の本居地があった。そこへ平安時代に京都から源氏の佐々木氏がやってきて合体した。そののち、みな「佐々木」を名乗り、今では同族三百万人と言われる。

沙沙貴神社は、初め少彦名命、大彦命、仁徳天皇を祭神としていたが、佐々木と合体後、宇多天皇と敦実親王を追加し、五体を祀っている。社は、本殿、拝殿共に弘化二年（一八四五）の建築で県指定重要文化財に認定されている。江戸時代の再建だが、堂々たる建物だ。

つぎに佐々木総領家の移行。秀義の長男・定綱は近江などの守護職を自分の長男の広綱に譲った。ところが、広綱はその後、承久の乱に加わり、命を落とす。

総領家は、広綱の弟の信綱に移ったが、信綱は隠居するにあたり、なぜか所領を二つに分け三男と四男にゆずった。三男の泰綱は京都・六角東洞院の館と近江の南半分、志賀、甲賀、蒲生など六郡。四男の氏信は、近江の北半分、板田、高島など六郡を引き継いだ。この時から泰綱の家系は、「六角」を、氏信の家系は「京極」を名乗る。以後、佐々木の統治は、近江を南北に分かれた。そして、南の六角勢は、甲賀武士団を中核部隊とし、甲賀の森林・山岳を足場に神出鬼没の忍術戦を展開させた。

『甲賀郡志』に見る限り、甲賀武士の一部は後世まで姓の上に「源」を付けている。

斎王群行――甲賀武士団が守る

――世にふれば　またも越えけり　鈴鹿山　昔の今に　なるにやあらん――

いにしえの女御の歌だ。十二単の皇女が御腰輿（手輿。前後二人で運ぶ人力の乗り物）で練った。

では、斎王群行と甲賀武士との関係はどうなのだろう。

「斎王制度」の歴史を見ると初代の天武天皇。この人は、甲賀武士の参加した壬申の乱の勝者、大海人皇子である。軍略家で戦いに忍術を用いた最初の人と言われる。

国家鎮護を伊勢神宮に祈るにあたって皇女派遣の「斎王制度」を考え出した。軍略家らしい発想だ。斎王とは、天皇に代わって伊勢神宮の天照大神に仕えるために選ばれた、未婚の皇族女性のことである。天武二年（六七四）、壬申の乱に勝利した天武天皇が、勝利を祈願した天照大神に感謝し、大来皇女を神に仕える御杖代として伊勢に遣わしたことに始まる。以来、この制度は六六〇年以上にわたって続き、六〇人以上の斎王が存在した。

制度が確立して以降の斎王は、卜定（ぼくじょう）という占いで選ばれ、斎王群行（お供は数百人）と呼ばれる五泊六日の旅を経て伊勢へと赴いた。コースは皇居を出たのち近江では、勢多、甲賀、垂水（現土山町）。伊勢では、鈴鹿、壱志（いちし）五カ所を宿泊にした。

その任が解かれるのは、主に天皇が代わった時のみ。年に三度、伊勢神宮に赴く以外は、一年のほとんどを斎宮で過ごし、神々を祀る日々を送っていた。

鎌倉時代の末期から世情が不穏になると、この峠に山賊がたむろした。後醍醐天皇の第三皇女祥子（さちこ）内親王は、身の清めもすませ建武三年（一三三六）、群行を整えて伊勢神宮に行く日を迎えた。しかし、乱世による鈴鹿の危うさから、斎王群行の盛儀が中止となる。以後、断絶となった。

「斎王群行」は後醍醐天皇（一二八八〜一三三九）によって断絶された。そのころ鈴鹿峠の警固役は、地元、山中村の地頭・山中氏があたっていた。山中通俊が、群行断絶の前年に僧兵くずれと見られる鈴鹿の山賊、三雲伊与房を捕えたと記録（『山中文書』）にある。

山路退治は進み、甲賀武士団の掟にも「盗賊を働いてはならぬ」と必ず書かれていた。しかし戦国に向かう世の乱れは、華やかな「斎王群行」の再開を許さなかった。

コラム

斎王群行

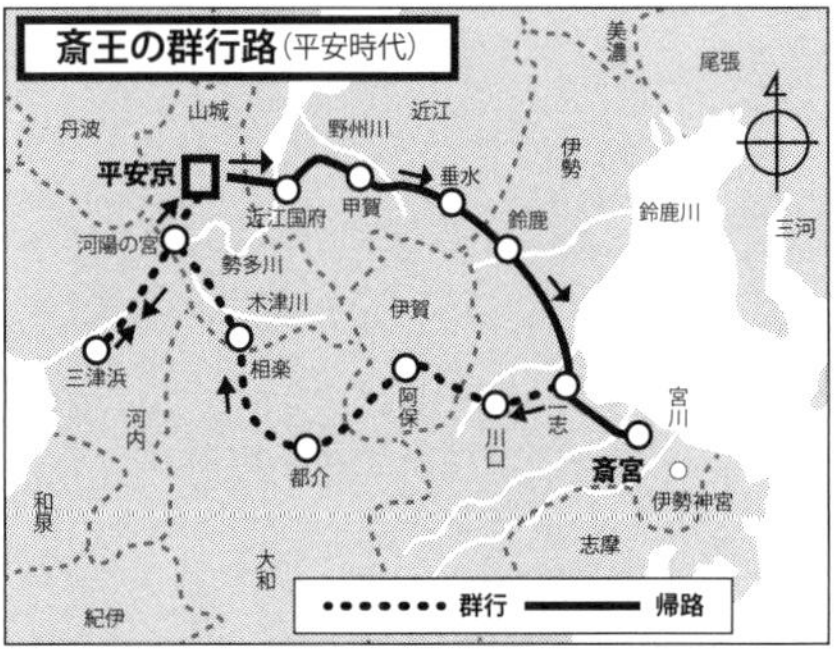

平安時代の斎王群行路（出所：三重県明和町観光サイトHP）

土山町民俗行事「斎王群行」は華やかだ。三十人の女列と五十人の付き人が付き添い、平安時代の姿を再現。コースは東海道、現代の平安絵巻のようだ。この行事は、大野を出て垂水頓宮（皇女の宿泊施設）まで約三キロが見せ場。近年、町の観光宣伝に復活。前日祭の雅楽コンサート、斎王の舞、本日祭の禊群行、禊ぎ式、お発ち式、斎王群行、お着き式と二日間にわたる諸行事は華麗そのもの。

「京都の時代祭に負けない風俗行事が、どうしてここにあるのか」との驚きの声の陰に歴史との深いつながりがある。垂水頓宮跡は昭和十九年に国史跡に。五カ所の頓宮地の中で国史跡は垂水だけである。

武士団動く――一族合致で村を守る

この辺りで甲賀武士団の形成を一度振り返ってみよう。

中世、都に近い甲賀の地。伴、藤原、鵜飼、橘など名門の姓を引き継ぐ人、平氏や源氏の一族を名乗る人々。さまざまな人が住みついた。彼らは農地を開き木こりや狩りをしながら、それぞれの土地に「村」を作った。村の人々は「惣」として団結を強め、惣を率いる武士団もできた。それぞれ砦や館を築き、濠をめぐらした。一族と共に自分たちの村を守る要害だ。郡内に今も残る城跡は百余で、かつては三百くらいあったと言われる。

土豪は、名田（賦課単位）の開拓者で、名主とも呼ばれる。力のある名主は在地領主として土地や農民を支配し、他人の領地にも手を伸ばした。全国的には、広い領地を持つ大名主、そして戦国大名として全郡を支配する領主は生まれなかった。

郡内の小領主としての土豪たちは、村や領地を守る砦や城館を持つ一方、小さな力で大きな外からの力と対抗する方法を考え始めた。武士らは、諜報技術や特殊戦法を考え出した。これが「忍びの術」と言える。甲賀の地は、都に近く東との交通の要所。大きな戦いや各武将の戦力についての情報が得やすい。

また修験場だった飯道山とその周辺の山伏から兵法や修業法を学んだ。辺りに住む動物からも多くの技を知る。他の地方より恵まれた薬草の知識、杣人（そまびと）や木こりや大工の知恵も借りて忍薬や忍具を作った。こうして他の地方にない特殊戦法と特殊技術を身に着けた武士団が育っていった。
甲賀武士団形成の経過はこんなことだろう。最盛期、忍者の数は甲賀と伊賀で数千人とも言う。

応仁の乱

応仁元年（一四六七）五月、京都で応仁の乱が始まる。甲賀武士団も動いた。戦いの規模が大きく、数年で京都の大半が灰になった。

近江の両佐々木家、つまり北部の京極家と宗家にあたる南部の六角家は反目しあってきた。時の当主・京極持清は東軍に、六角高頼は西軍に加わったため、近江人同士の戦いとなった。山中氏や小佐治氏ら甲賀武士団の多くは六角軍に加わった。六角軍は、本拠の観音寺城の近くに京極軍の城が二つもあって当初は形勢不利だった。それでも十月には蒲生郡馬淵（現近江八幡市）で合戦をした。山中氏は、後にその恩賞として岩根郷（現甲西町）の半分をもらっている。

京都の洛中洛外に戦渦が広がると、都から多くの貴族が戦乱を避けて甲賀に逃げた。大乱の主要武将・足利義視（よしみ）は、ひそかに京都を脱して信楽に入る。信楽荘の代官・多羅尾氏に守られ、伊賀から伊勢へ。前関白・近衛房嗣（ふさつぐ）も信楽荘へ。和歌とけまりの飛鳥井家当主・雅親（まさちか）は官を辞し、

「柏木御厨」（現水口町）に。

さて、京極・六角両家の対立は、前半、京極軍が絶対優勢で甲賀武士は多くが戦死した（『今井軍記』）。しかし、京極持清が病没し、内輪揉めもあったことで六角軍が勢いを回復した。六角高頼は、力にまかせて寺院領を兵糧米の恩賞地にあてるなどして不平を買うにいたった。

鈎の陣――甲賀武士躍進

甲賀武士躍進の時がきた。「鈎（まがり）の陣」（一四八七）である。『甲賀郡志』は「鈎の陣」と甲賀武士との関係をこう書く。

「――王権ゆるみ、武家台頭の世となるや本部各地にいる土豪。平常武事を練り、いったん事変起これば決起して敵境に。機密を偵察して奇功を奏し、武名を挙ぐ。佐々木氏近江国守護となるやその配下に属し、その地方を分領して勢力あり。（中略）長享元年鈎里の役に殊功ありしもの五十三家。中でも二十一家の勇猛は世に聞こえ『甲賀武士』、『甲賀衆』の名、伊賀武士と並べ称せられる。以来、六角佐々木氏に忠誠をつくし関係浅からず……――」

ここで、甲賀五十三家、二十一家が登場する。乱の前後からの様子を見よう。

「応仁・文明の乱」（一四六七〜一四七七）の最中、諸国では国人や地侍といった層が室町幕府の近習・奉公衆や公家・寺社の荘園を押領し、近江国でも守護六角高頼が荘園を押領することによって勢力を拡大していた。応仁の乱が終息すると、幕府はそれらの押領地の奪回をはかることになる。近江に領地を持つ幕府奉公衆は四十六人いたが、その中には六角に領地をとられたせいで餓死する者もいたと言う。

長享元年（一四八七）九月十二日、第九代将軍足利義尚が自ら六角討伐の軍勢を率いて京を出陣した。兵力は八千人、赤地金襴に桐唐草の模様の直垂、重藤の弓、吉光の太刀……と、美々しく着飾った義尚をひと目見ようと京では見物人が群れ集まった。幕府軍は一旦は琵琶湖西岸の坂本に入って諸大名の軍勢の合流を待つ。参陣する大名は細川・斯波・畠山・山名・一色・冨樫・京極・武田。まず細川勢が琵琶湖を渡って山田・志那（草津市西部）に上陸、別軍が湖南の瀬田を経由して六角の本拠湖東を目指す。六角方は九月十一日、南近江の各地にて布陣を終えていた。幕府軍は九月二十四日、八幡山・金剛寺を攻めるが六角方は退却、野洲河原で合戦が起こるも、大したものではなく、高頼は本拠の観音寺城を出て甲賀武士団を頼って甲賀郡に退却。高頼本人は和睦を探るも、押領した土地を手放すつもりのない家臣団は交戦の構えを崩さなかった。

十月四日、将軍義尚は坂本から琵琶湖を渡って甲賀郡の入り口近くの栗太郡の鈎（まがり）の安養寺に陣を構えた。諸大名の軍勢も現在の栗東・草津・守山その他の地域に分散して布陣する。

まず浦上則宗の軍勢が甲賀郡に侵入するが高頼は正面切った抵抗をせずに姿をくらました。十月二十七日、義尚は手狭な安養寺から少し北東にある上鈎の真宝館に移動した。十二月二日夜、六角に加担する甲賀衆が義尚の陣所に夜襲をかけた。この戦いで「甲賀忍者」が有名となり、「鈎の陣」に参加した甲賀武士は五十三家、特に活躍したのが二十一家であると言われている。この前後に幕府方大名の陣地で火事が続発し、それらも甲賀忍者の仕業であると言う。具体的には閏十一月に伊勢貞誠の陣で、十二月に織田広近の陣で、翌年五月浦上則宗の陣で出火している。

六角高頼の行方を掴めない幕府軍は持久戦の態勢に入ったが、将軍義尚はかなり立派なつくりの陣所「大樹御所」に籠り、京からかわるがわるやってくる公家や僧侶と和歌や連歌や蹴鞠や学問に耽る生活を送るようになる。長享二（一四八八）年八月に義尚が内大臣の位をもらった時には大勢の公家が参賀にやってきた。

しかし政治的には義尚は六角が押領していた寺社や公家の荘園を側近に与えて反発を招き、長引く滞陣のため幕府軍全体の志気も衰えた。結城兄弟や二階堂政行といった側近は義尚を遊興に耽らせることによって実権を握り、周囲に滞陣する大名の部将の中には六角側に内通する者もいた。幕府第一の実力者である細川政元が六角と密かに連絡をとっており、これは将軍義尚の権勢があまり拡大しないようにするための策略であった。そして、将軍の陣所から一里か二里のところに六角方の軍勢がいたにもかかわらず、側近に騙された義尚はそのことを全く知らない有り様であった。

長享二年（一四八八）秋、義尚は病に倒れた。母日野富子が看病に駆けつけ、一旦回復したので富子は京に戻ったが、翌年三月十六日に重態に陥り、二十六日にわずか二十五歳の若さで陣没した。最後は水と酒しか受け付けなかったと言う。甲賀忍者に刺殺されたとの俗説もある。

諸大名の軍勢も近江から退却した。六角高頼は押領した荘園を返還することで幕府と和睦しようとしたが、家臣の反対によって果たせず、延徳三年（一四九一）、再び幕府軍の討伐を受けることとなる。今回も将軍自らの出陣であるが、第十代将軍義材本人はあまり近江の奥には入らず京にほど近い園城寺（三井寺）に本陣を置き、六角の将を謀殺したり戦闘で三百人ほど討取る等の戦果を挙げた。またしても甲賀郡に逃れた六角高頼を捕えることはできなかったものの、それなりの成果を挙げたと判断した義材は京に凱旋するが、明応二年（一四九三）、細川政元のクーデターにあって失脚すると、それまで潜伏していた六角高頼が勢いを取り戻す。幕府は再々度の討伐軍を派遣するも撃退され、その後二度と近江に侵入することができなくなったのである。

この騎馬武者姿の「出陣影」は、現在、名古屋市・地蔵院に伝わる。栗東歴史民俗博物館では複製が展示されている。それにしても、義尚出陣の日。大勢いた幕府軍が甲賀武士団の巧みなゲ

足利義尚像（地蔵院蔵）

リラ戦にゆさぶられ、一年後には義尚まで陣中で生を終えるとは、だれが予想したろうか。『忍びの里と甲賀武士』「鈎の陣」では、甲賀忍者の活躍が詳しく紹介されている。

「――長享元年（一四八七）九月十二日。義尚の軍勢は日の高いうちに逢坂（おおさか）越えて園城寺に至り、西近江路を北上して坂本に。

坂本の陣は、日吉神社・二宮の彼岸所が御座所。義尚はここで遅れてくる諸大名を待った。夜には、管領の畠山政長、細川尚春、続いて細川政元の先陣も坂本についた。十八日、幕府軍の湖東への攻撃が始まった。勢多大橋を強行突破し、湖南の矢橋、志那、山田（現草津市）の六角拠点を攻める。細川の軍勢が水路を、幕府勢は陸路を、勢多を経て湖東へ進む。幕府軍六万、六角軍一万数千。力の差は大きい。六角軍は、ほとんど抵抗しないで本拠、観音寺城（現安土町）前衛の八幡山と金剛寺まで退く。ほどなく幕府側からの内通か、甲賀忍者の探知か、「幕府軍の総攻撃は二十四日」との情報が六角軍に入る。高頼はいそぎ、幕府軍総攻撃の前日、二十三日の夜に八幡山と金剛寺の将兵、それに本拠・観音寺城の城兵をことごとく甲賀の山中に逃した。

　そして「観音寺城の六角高頼は、手勢を連れて甲賀へ逃げた」との情報が将軍義尚の耳に届く。二十四日の総攻撃直前だ。「そうか、幕府軍の威力を恐れたか。」義尚は、ほそく微笑んだ。これまで両軍の戦いがあったのは、甲賀へ逃げ込もうとした六角軍の一部と、幕府軍・仁木貞長らの野洲川原の戦いだけだった。

　義尚は、まさか六角軍が態勢を立て直し、奇襲攻撃に移るとは予想もしていなかった。近江の制圧に一応の成功を見たと考え、毎晩のように陣中見舞の公家や僧らと歌会を開き、宴席を設け、酒色にふけった。一方、六角軍は十月四日、坂本を出て湖を越え、鈎（まかり）（現栗東町）の安養寺へ陣を進めた。鈎の地は、東海道と東山道（中山道）の分岐点に近く六角軍の逃げ込んだ甲賀の入り口にあたる。義尚は、あえてここに作戦司令本部をおいた。

　ついに安養寺に入った義尚は、甲賀郡の六角掃討にかかる。同月五日に早くも六角高頼に奪

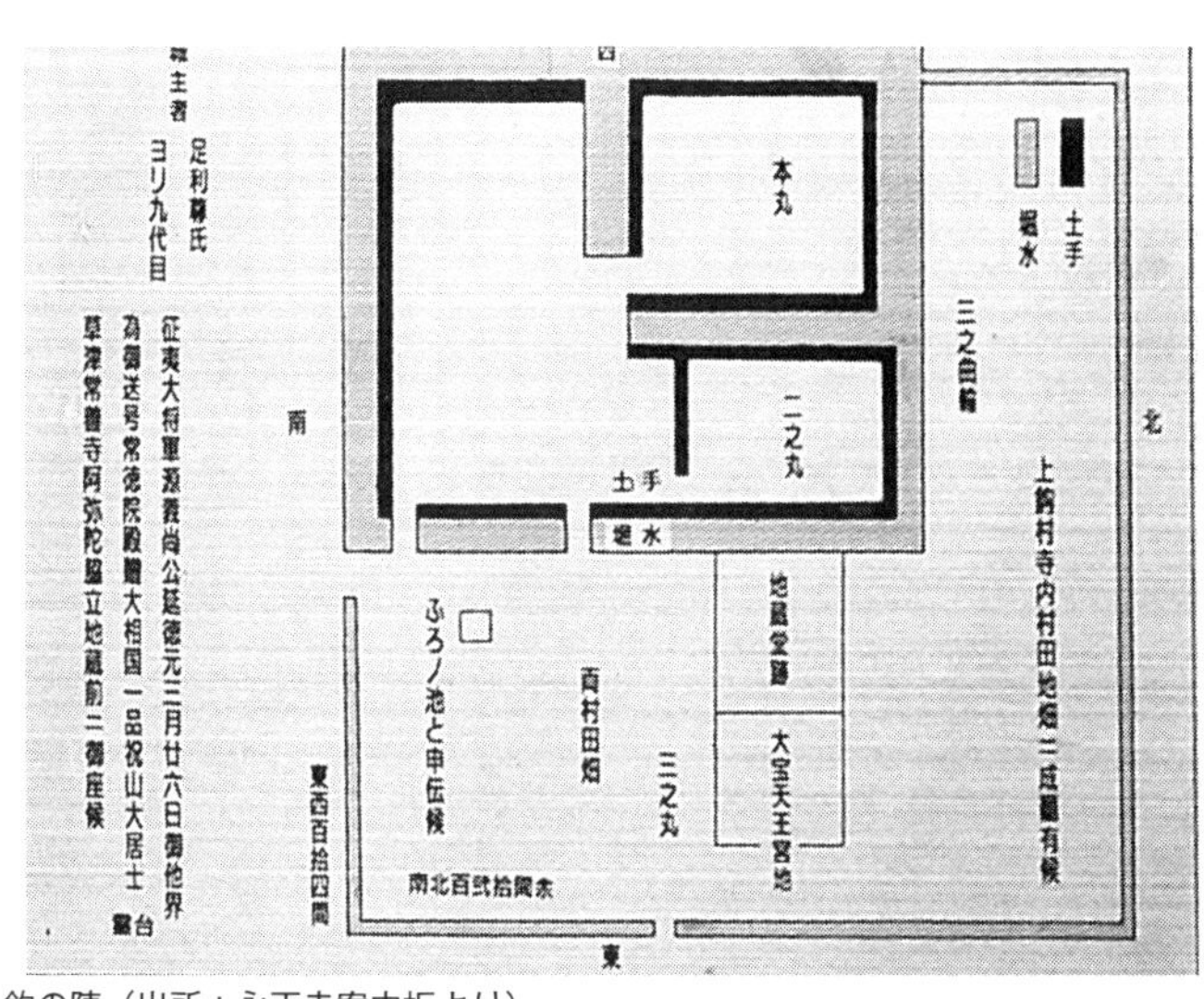

鈎の陣（出所：永正寺案内板より）

回された公家や門跡領を取りもどし、甲賀谷の村々を焼き払った。

高頼は三雲城（現甲西町）の三雲三郎左衛門尉を頼り退避していたが、難を逃れて伊勢方面へ向かう。幕府軍の攻勢に対し、六角軍はまたも抵抗らしい抵抗をしていない。このため掃討は空ぶりとなった。幕府軍の先頭は、野洲川沿いの甲賀谷を見下ろす長寿寺（現石部町）に陣を移した。以後、戦局は持久戦の様相に変わる。

同月二十七日、義尚は戦いの長期化を見越し、手狭な安養寺を出て約二キロ北東の山法師、真宝の館へ陣を移した。現在の上鈎、永正寺の地である。のち義尚は、長享三年（一四八九）三月、二十五歳の若さで没するまでをここで過ごした。永正寺の裏側には、今なお当時をしのばせる土塁が残る。義尚の死因については、いろんな説がある。戦況を楽観した義尚が、夜ごとの酒色で体をこわしたとする病没説、油断していた幕府軍が、六角軍・甲賀忍者の奇襲にあい、義尚も手傷を負ってその傷がもとで死んだという戦傷説など、真実は分かっていない。――」

甲賀武士への感状

足利義尚の権勢を阻んだ六角軍・甲賀武士の活躍ぶりは史書にほとんど出てこない。残るのは後に六角高頼から甲賀二十一家に出された感状ぐらいである。

『甲賀郡志』には

「――長享元年十月一日、甲賀武士その先ぽうとなり、夜、足利氏の行営をきる。軍功たてたるもの五十三人あり。故に甲賀五十三士と称し、その名、世にあらわる。そのうち、とくに感状を受けたる殊勲者二十一人あり、よりて二十一士という。五十三家の他に二十一士あるに非ず――」

とある。

『応仁後記』では、戦いの模様について

「――終ニ高頼一戦ニ打チ負ケ、己ガ居所観音寺山ノ城ヲ落チテ、山賊ノ望月、山中、和田トイウ者頼ミ同国甲賀山中ニ隠レテ行方不知ニナリニケル――」

とある。

甲賀武士が山賊にされているが、高頼が甲賀武士に支えられ、山中のゲリラ戦で幕府軍に抵抗した様子がうかがえる。

『近江淡海録』には、六角氏から甲賀武士に伝授された戦法「亀六の法」につぎの記述がある。

- 敵が迫ってきたときは、亀が四本足と頭と尻尾の二つを甲羅に引っ込めるがごとく隠れる
- 転じて敵がいなくなると、亀が手足などをニュッと出すがごとく突然現れて攻撃する

――犬追いの義尚逝くやさくら散る――

足利義尚は、甲賀武士団のゲリラ戦に、戦いの前途を見失いながら鈎の陣中で死んだ。

つぎの将軍職を継いだ義稙（よしたね）は、明応元年（一四九二）三月、再び甲賀総攻撃を始めた。この時も六角高頼は伊勢へ落ち伸びた。しかし幕府軍が京へ引き揚げると、六角軍はすぐ盛り返す。

幕府軍との戦いで、六角軍の主力として奇襲に活躍したのが甲賀五十三家。うち勲功の大きい二十一家に高頼から感状が出された。五十三家は、その後も六角氏と協力、荘園主の社寺や公家と競いながら自らの小領主としての地位を保っていく。

五十三家、二十一家の甲賀武士の姓名を『甲賀郡志』から拾おう。

●五十三家

橘……山中十郎、巇峨越前守、宮島掃部介、倉治右近介、平子主殿介、葛城丹後守、杉谷與藤次、土山鹿之助、源　望月出雲守、針和泉守、菅原　美濃部源吾、藤原　鵜飼源八郎、同小川孫十郎、山上藤七郎、八田勘助、惟宗　神保兵内、多々良　青木筑後守、小泉外記、平鳥居兵内、杉山八郎

夏見……夏見大学、篠原　多羅尾四郎兵衛、丹波　三雲新蔵人、伴　大原源三郎、源　和田伊賀守、伴　牧村右馬介、藤原　池田庄右衛門、平　服部藤太夫、大河原源太、大久保源内、平　佐治河内守、伴　上野主膳正、饗庭河内守、高野備後守　源　隠岐右近太夫、藤原　頓宮四方介、上山新八郎、橘　岩室大学介、中山民部丞、高山源太左衛門、伴　伴佐京介、源　芥川左京亮、宇田藤内、上田三河守、藤原　長野刑部丞、伴　多喜勘八郎、野田五郎、藤原　内貴伊賀守、藤原　大野宮内少輔、伴　岩根長門守、黒川文内、平　高峰蔵人、藤原　新庄越後守

●二十一家

荘内三家＝鵜飼源八郎、服部藤太夫、内貴伊賀守（一部に服部を除き三雲を加える説があ

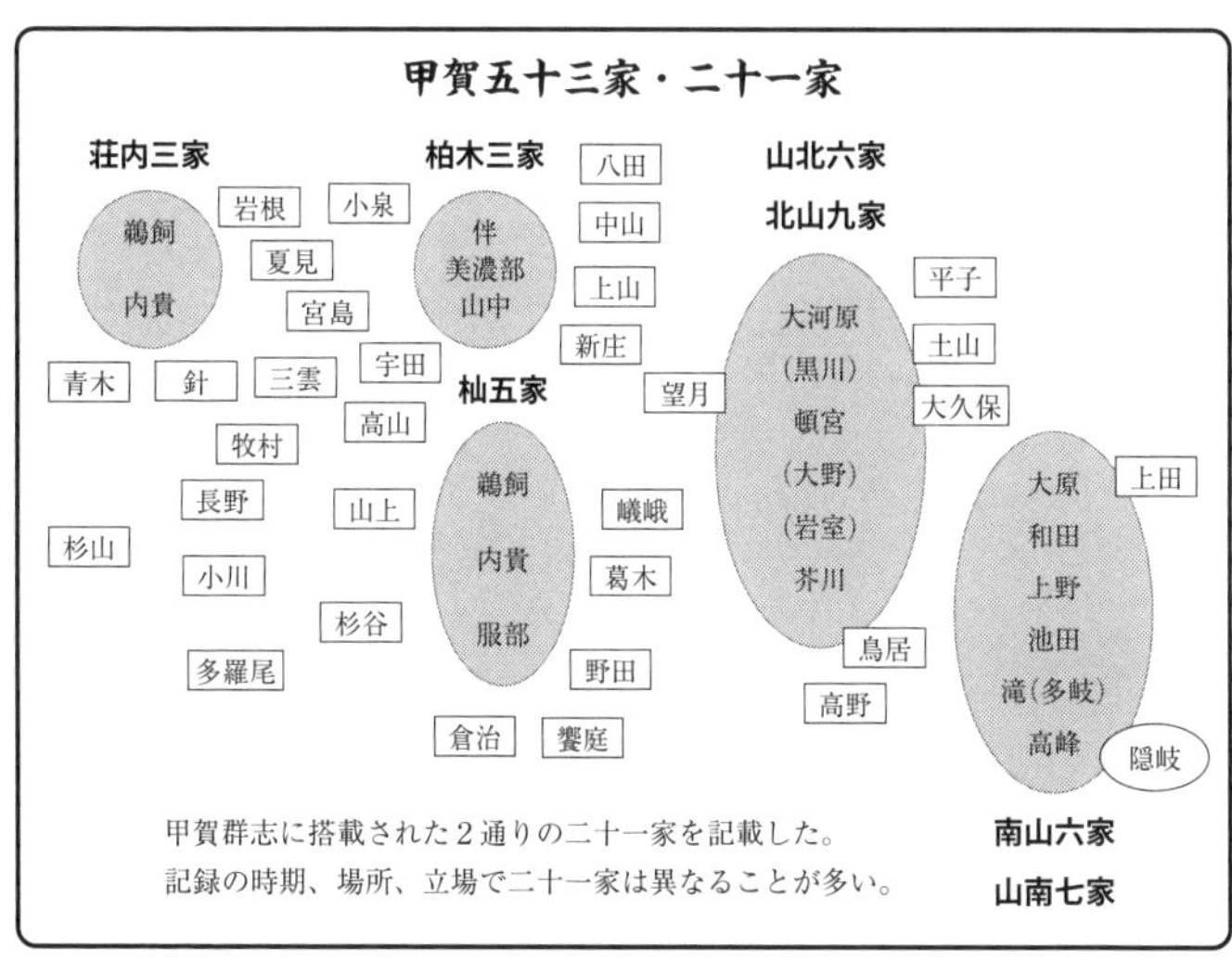

甲賀五十三家・二十一家（出所：『忍者検定読み本』）

る）

柏木三家＝山中十郎、伴　佐京介、美濃部源吾

南山六家＝大原源三郎、和田伊賀守、上野主膳正、高峰蔵人、多喜勘八郎、池田庄右衛門

北山九家＝黒川久内、頓宮四方之助、大野宮内、大河原源太、岩室大学介、佐治河内守、神保兵内、隠岐右近太夫、芥川左京亮（一説に黒川、大野、岩室を除き大久保、土山、望月を加える説も）

古記録には二十九家も

しかし、古文書や記録から拾うと甲賀二十一家というのは前記に出てくる三雲、土山、大久

保などを含め二十九家を数えるとも言う。こう見ると、二十一家とは江戸時代に幕府への士官をきらい、甲賀にいた忍者たちのことだろうか。彼らが由緒を示し、家格を誇るため考え出したのではないか、との見方まである。甲賀武士の家格を示すものとして、二十一家のほかに「甲賀六大名」と呼ばれるものもある。

『拾落穂』には、「甲賀郡六家の大名とは、三雲、和田、隠岐、池田、青木、山中をいう」とある。三雲氏は、六大名の筆頭に書かれているように六角軍の旗がしら。他の五家も大身のため常に本拠の観音寺城を固め、他国遠方の合戦には一手の大将となり軍代（重役）を勤めたと言う。

「同名中惣」で多数決制

古代から中世へ。日本の農村は、土一揆や下剋上に揺れた。甲賀の土豪たちには、古代律令の時代から住みついた名主、荘園から遣わされた荘官、幕府に任命された地頭などがいた。土豪たちは、その小さな土地を土台に忍術の修業とは別に力を合わせ、織田信長ら外圧に対抗する大きな組織を作った。

甲賀武士の強さは、もとよりその忍者戦法による。しかし、連合組織としての「同名中惣」、上層部の「郡中惣」の団結力は特に強かった。下層部の「同名中惣」は「同名惣」とも呼ばれ、文字通り名字が同じ一族の血縁的な自治組織だ。

甲賀郡では、農民の惣的な結合が遅れ、山中氏ら在地の武士が一族を惣に結んだ。五十三家は、五十三惣の意味。一つの惣には五家から、多いと五十八家以上が集まった。

「同名中惣」は、惣領家と庶子家、つまり本家と分家がことごとく結び付いていた。惣領家の力よりも、ふえ続ける庶子家の力が強く自立していたと見られる。だから「同名中惣」では、惣領家が庶子家を差別しなかった。同族を証明するため、一族名と家名をつないで氏名にした例もある。「大原（一族名）勝井（家名）三之助」「大原滝川一益」などの氏名がそれだ。惣は一族運営のための結合体で、同族の対外、内政、訴訟、寺社運営、商業などすべてを仕切った。

昭和四十五年（一九七〇）に勝井家から見つかった『定同名中与掟条々（くみおきて）』。これを岡山大学の石田善人教授が解読したが、定文（三十二条）には「同名中惣」の驚くほど民主的な規則が書かれていた。例えば、「同名中」のいろいろな談合で同じ考えの者が多数いれば、少数の者がこれに従う。万が一、賛否同数で決着がつかない時は、「打ち入りくじ」で決める、とあった。

日本では、議会制民主主義の多数決原理は明治時代から導入された。だが、甲賀五十三家ではこの定文ができた室町末期の永禄十三年（一五七〇）、すでに「同名中惣」が多数決原理を採用していた。フランス革命（一七八九）より二世紀も前のことだ。

この『同名中与掟』は、「大原同名中」のものだが、多数決原理は、他の同名中でも採用され、共通していた。後述する上層部の「地域連合惣」、「甲賀郡中惣」も同じ。

さらに「同名中惣」の運営は、「惣寄り合い（全体会議）」を最高機関としたが、執行機関として「同名中」から奉行を選び「奉行中惣」を作った。奉行は三人から二十人ほどで「山中同名中惣」では十九人、「大原同名中惣」では十人いた。

現在は冠婚葬祭に「株」

また寺社の運営に、年行事（役員）、年預（職員）を「同名中」から選んで、一、二年の任期で檀家、氏子総代の役職をした。これが奉行に対する目付の役も果たした。これらの「同名中惣」が、のちの甲賀郡全体を包む「甲賀共和制」の基礎となる。

現在、甲賀地方には、冠婚葬祭にだけ存在する「株」組織が残る。「同名中惣」の遺構らしい。こんな珍しい例もある。「大原同名中」。一時途絶えていたが、後年復活して毎年八月三日、大島神社で続けられていると言う。

厳しい毒飼いの禁止――合戦への備えも万全に

平等で共和的な忍び集団、甲賀武士の「おきて」。これは「同名中惣」の「与掟（くみおきて）」に盛り込まれた。

「大原同名中」の『定同名中与掟条々』（『大原勝井文書』）全三十二条にその中身を見てみよう。冒頭の十六条までは、同名中惣と他所との戦い、弓矢けんかの想定など、やはり戦いを念頭に作られている。

その内容は、一〜三条は有事の心得、四〜六条は有事への備えについて述べている。

一条　他所と同名中との間に弓矢けんかが起こったとき、普段は仲の悪い者でも無音の者でも、一味同心（身内）に合力すること。

二条　そのとき敵方に加勢しないこと。裏切り、内通など卑怯なこともしないこと。

三条　合戦の合図の鐘が鳴れば領内の百姓らは、堂僧に至るまで得意の武器を持って出勤すること。領内に住む他所の被官らは、あれこれ弁解しないで本人が不出勤の理由を出頭し説明すること。

四条　領内に他所者が屋敷を持つのを禁止し、禁を破る者は、奉行中で評議判決し処置すること。

五条　領内にある他家の屋敷の近くの土地（田畑、山林、荒野）は、出城となり得るために替え地として渡してはならないこと。

六条　争いのとき、近くの城に城番が必要な場合は、皆で相談して人数を派遣すること。手抜きがあってはならない。

七条以下は「同名中」内部の個人関係について定められている。

興味深いのは、八条で、公事（くじ）（訴訟）が起こった時、内証でどちらにも連判してはならないと規定していることである。公正を期するためだろうか。また、面白いのが十四条で毒飼いを禁止していることだ。毒蛇やサソリ、毒グモなどの有毒動物を飼うことを禁じている。

後述する柏木三家の申し合わせにもこれに厳しい成敗規定がある。いわば甲賀郡共通の禁止項目と言えそうだ。禁止項目を入れているのは、禁止しなければならないほど毒飼いが盛んに行われていたからとも考えられる。忍者は、毒蛇、毒虫を使っていたのだろうか。

十九条では米買いの役所が、二十条では領地内に住む他所者が、百姓や商人に借米、借銭を負わせてこれを責めるな、と戒めている。逆に、二十一条では他国の諸商人の領地への入り込みを領民が妨害してはならないし、押し買いもしてはいけない、とある。商取引の公正を期したのだろうか。また、二十七条には、博打の禁止が出てくる。双六（すごろく）や四一半、目勝、字取などの賭（か）けが多かったのだ。田地や所領まで賭ける者がいたと言う。

しかし罰則は、時代や場所で厳緩さまざま。ここでは、諸勝負は当座にその身の回りで勘定払いをすませ、後日までごたごたを持ち込まないよう、と現実的だ。二十九条が、前述した多数決原理の規定。少数意見の者が多数の意見に従わないのを禁じ、賛否同数の場合は「くじ」での決着を定めている。また、最後の三十二条。追加したい条項、または削除したい条項がある場合も多数決で定めること、とある。

以上だが、全体に共和的な性格がにじみ出ている。公事、商取引、博打の禁止などでも不思議なくらい現実的で公正、民主的な「おきて」を規定している。

約百年続く「共和制」――甲賀、伊賀は国境で会議

戦国の世の日本史に、世界史にも残る「甲賀共和制」。それは「甲賀郡中惣」の存在だった。『岩波日本史辞典』の項目「甲賀郡中惣」は、書いている。

「――戦国時代、近江国甲賀郡に成立した一揆的自治組織。山中、伴、美濃部、佐治、多喜、岩室など土豪・地侍(じさむらい)が連合して形成した。諸氏はそれぞれ『同名中』という年預によって運営される擬制的家組織をもち、それぞれが掟をつくった。（以下略）――」。

「同中惣」は、他の「同名中惣」と手を結び、まず「地域連合惣」を作った。

地域的には、柏木地域（甲賀郡西北部）、荘内地域（同中央部）、南山地域（同東南部）、北山地域（同東北部）。これでほぼ郡全域を包む。前述した甲賀二十一家の柏木三家、荘内三家、南山六家、北山九家がそれにあたる。ただ、没落する家があったため地域別の家数は時期によって変わったが、総数二十一は守られた。

その運営は「同名中惣」と同じで、「奉行中惣」の手で賄われている。柏木三家の連合を物語る『山中文書』（永禄九年）によると、ここにも厳しい掟があった。初めの三カ条に、「夜討ち、強盗、山賊をはたらいたり、人を殺した者は死罪にする」とある。盗人はそれぞれの惣で処分するが、「同名中」にはなかった厳しさだ。

さらに「地域連合惣」が集まって甲賀郡全体を包む「甲賀郡中惣」ができた。これが多数決制で知られる「甲賀共和制」だ。

「甲賀郡中惣」に惣寄り合い（全体会議）があったかどうかを知る資料はない。ただ郡奉行十人を選び「郡奉行中惣」として郡内の行政や司法を扱っていたのは確かである。野洲川の水利、鈴鹿周辺の山々の「入りあい権」など種々の問題があった。

隣の伊賀にもこの当時、「惣国一揆」という連合組織ができていて協力関係をもっていた。い

甲賀の自治政治：甲賀郡中惣

甲賀自治政治…… 一種の統率された民主主義（1489年ごろより信長に屈するまでの約100年存続）甲賀忍者を育てた土壌と考えることができる

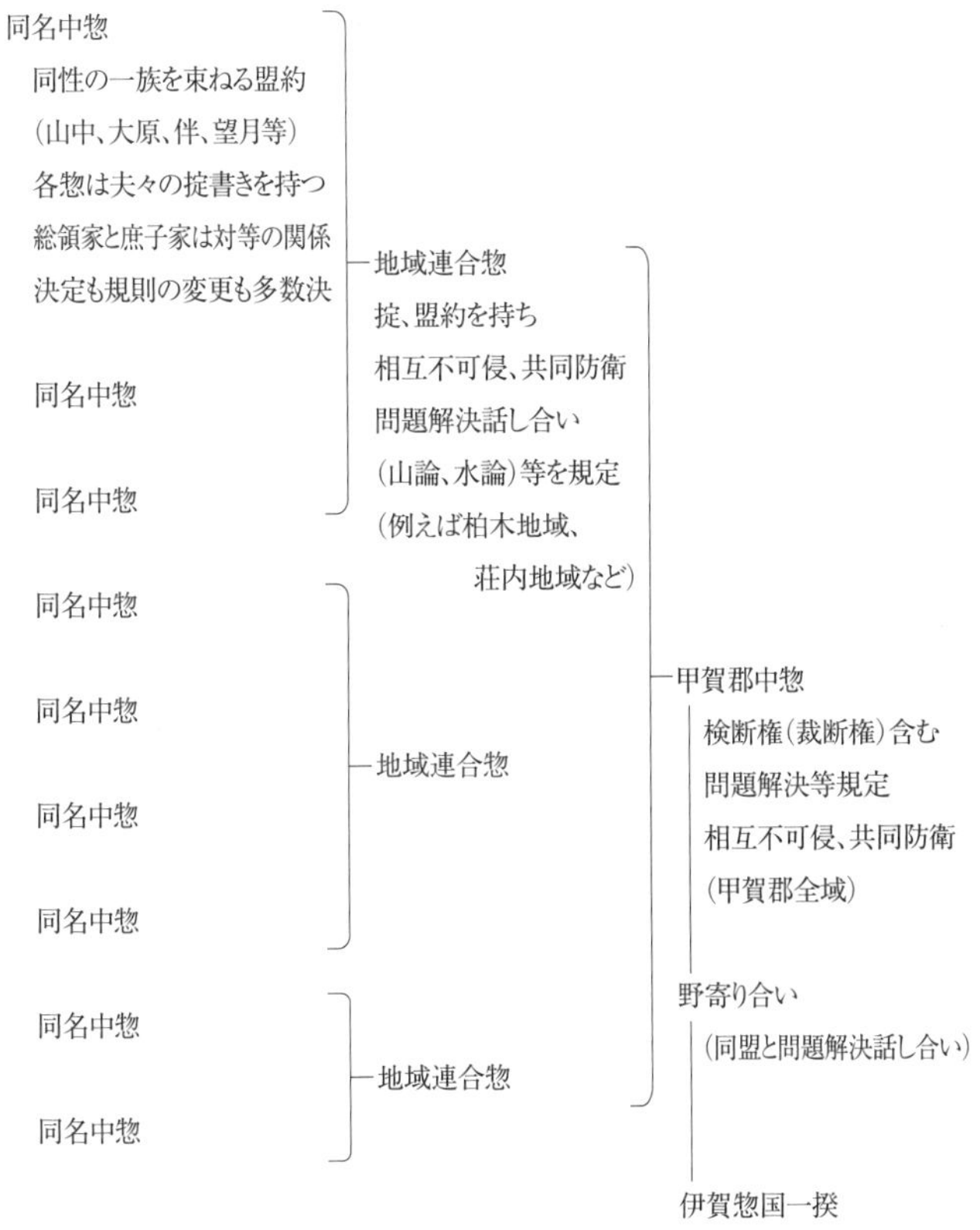

- 同名中惣
  同性の一族を束ねる盟約
  (山中、大原、伴、望月等)
  各惣は夫々の掟書きを持つ
  総領家と庶子家は対等の関係
  決定も規則の変更も多数決
- 同名中惣
- 同名中惣

→ 地域連合惣
掟、盟約を持ち
相互不可侵、共同防衛
問題解決話し合い
(山論、水論)等を規定
(例えば柏木地域、
荘内地域など)

- 同名中惣
- 同名中惣
- 同名中惣
- 同名中惣

→ 地域連合惣

- 同名中惣
- 同名中惣

→ 地域連合惣

→ 甲賀郡中惣
検断権(裁断権)含む
問題解決等規定
相互不可侵、共同防衛
(甲賀郡全域)

野寄り合い
(同盟と問題解決話し合い)

伊賀惣国一揆

甲賀同名と郡中惣（出所：『忍者検定読み本』）

くたびか甲賀と伊賀の国境で「合力」という大衆集会がひらかれている。『山中文書』に伊賀の「惣国一揆掟書」が出てくる。その末尾にはこう書かれている。

「甲賀より合力之儀、専一に候間、惣国出張として伊賀境目に於いて、近日野寄合あるべく候」

近江の守護・佐々木六角の制定した『六角式目（法式と条目）』。この中に、

「守護が非道なことをし、家臣を保護しないときは、家臣は忠誠を守らない」

とある。

この民主的な条文は、六角氏の軍事力の大半を占める甲賀武士が加えさせたものらしい。この条文が西洋の騎士道に通じることから、中世合理主義の表れとされるが、「甲賀共和制」の影響だろう。守護・六角氏に対しても下剋上を起こさなかった。この一国の規模では、天下とりをめざす風潮にもならなかったのか。

甲賀五十三家は、長享元年（一四八七）に生まれ、信長に滅ぼされた戦国末期の天正二年（一五七四）にほぼ崩れたとされる。まさにこの約百年の「甲賀共和制」を誇る「幻の共和国」だった。日本の封建制は、鎌倉時代から室町、桃山を経て徳川幕府で確立する。が、その中でわずかにあった「共和社会」が「甲賀郡中惣」。世の人はこのナゾの組織を持つ集団を忍者と呼んだ。

甲賀郡は、「武将三千人にして一国の動きあり。されど一国にあらず」と言われた。

大敵迎え討つ「入形陣」――呼び込み軍法生かして

「奈良を掘れば古墳に当たる。伊賀を歩けば城跡に……」という言葉ある。壬申の乱から戦国時代まで戦乱の渦中にあった甲賀。郡内に一体いくつぐらいの城跡があるのだろう。その数、二百とも、三百とも言われる。そのお城は天守閣がそびえて空から民衆を見下ろす圧政のシンボルではない。実戦に役立ち、籠城に耐える土塁の城だ。郡民すべてを守ろうとした城砦なのだろう。

『萬川集海』「入形陣」によると、城砦はその陣形に配備されていると言う。ちょうど、楠正成の見事な山岳戦を思い起こさせる陣形だ。赤坂城、千早城……。彼も少数で大敵を迎え討つゲリラ戦の雄だった。

『江州佐々木南北諸士帖』によると、その配備はこうだ。元亀二年（一五七一）、近江守護・佐々木六角が頼った杉谷の陣（現甲賀市甲南町）。杉谷屋敷を中心に三十一の城、二十三の砦が縦横に「入形の陣」を作っている。このため、敵軍がどの方向から来ても、軍勢がくり出せる。一つひとつの城を少数で守れ、味方は山尾根伝いに別の城へと退くこともできた。

だから甲賀郡を攻める敵軍は、城をいくつ落としても、どれが主要な城なのか判断がつかず、いきおい戦いは、迷いから泥沼に陥る。

城郭の遺構は、一部を除いてほとんど土塁。石垣は少なく、土塁の高さもせいぜい十メートル

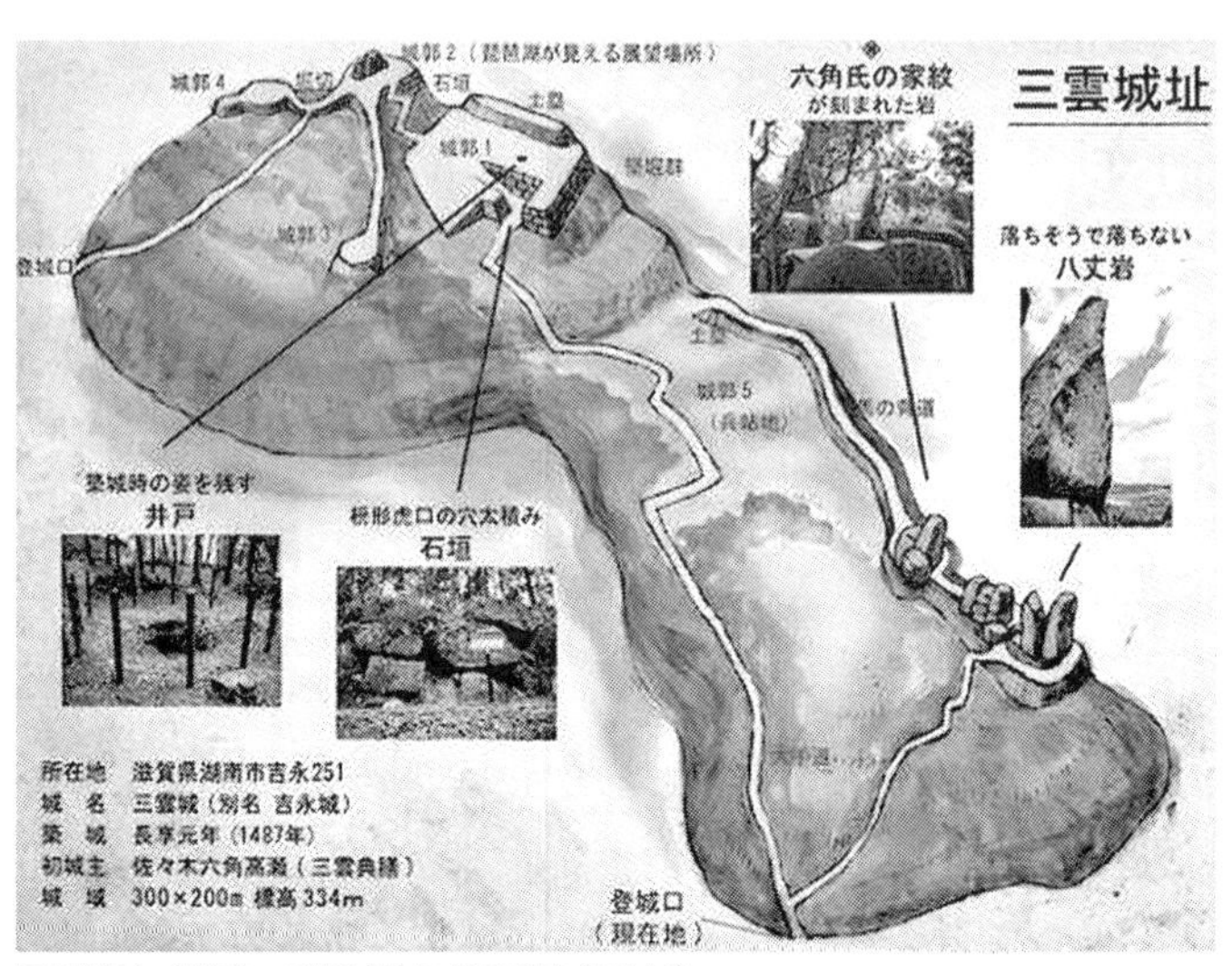

三雲城址（出所：三雲城址にある案内板より）

である。とり囲む土塁の形は、初期のものはひし形、中期は正方形、後期は長方形か複塁だ。また川や街道をはさんで本城と支城、出城を持つ。川沿いでは蛇行部分に多く、城郭は、集落入口の山腹や山頂に作られた。

お城の一例を三雲城跡（現甲西町吉永）を見ると、ここは、守護・佐々木六角による甲賀郡中心の南部地域作戦の中核だ。六角の本城である蒲生郡の観音寺城が攻められた時、城にこもらず敵を兵糧の輸送線深くに誘い込み、ゲリラ戦法でたたく。「呼び込み軍法」と言われる巧妙な策が練られていた。

近代でも抗日で戦った中国の八路軍、フランス軍二十万を密林に沈めたベトナムのベトミン、またアメリカ軍四十万を撤退させたベトコンの戦術がこれだった。

六角は作戦として、東山道（近江八幡市横関―野洲町三上付近）と東海道・甲賀道（三上―甲西町三雲）、それに観音寺道（横関―三雲）を結んだ三角形に十三の城郭を配した。そこで甲賀の武士団や一向宗徒ら在地勢力の支援を集めて反撃したのだ。

この城と道を結んだ地域で、守護・六角高頼は、文明三年（一四七一）から天正二年（一五七四）の間に十数回も「甲賀作戦」と呼ぶこの軍法をとっている。特に長享元年（一四八七）、足利九代将軍・義尚の近江親征の際、守護・六角高頼は三雲典膳に命じて東海道と観音道の交差する位置に三雲城を築かせた。そして、ここを拠点に幕府軍を手こずらせた。

その後、三代続いて三雲氏がこの城の城将となったが、天正二年に織田軍の佐久間伸盛との戦いに敗れ、放棄したと言う。

城の遺構は、標高三百三十二メートル地点の郭が中心。とくに北側の郭は、巨石で固めた枡形（ますがた）だ。当時の威容がしのばれる。

総数百十八を数える城跡

『甲賀郡志』はこう言う。

「――本郡に散在せる城砦邸阯は（中略）いわゆる甲賀武士のよりて似て敵を防ぎ平時その居邸となしたるものなり。ずいいて概して規模小なれば、その阯（あと）の完全に存するもの小なし……――」

とは言っても、同郡志は「各町村の城阯」として五十五城の由緒・伝承を挙げている。ここでは、「時代別の遺構一覧」を柚木踏草編『甲賀の歳月』（誠秀堂）に頼って挙げる。総数百十八。村名は旧村名で、築造者など省く。

●平安時代

萩原城（市場村の平城）、殿山和田城（和田村の山城）

●鎌倉時代

小川城（小川村の山城）、小川支城（同村の平城）、大窪城（大久保村の平城）、佐治城（小佐治村の山城）、市原城（市原村の平城）、鮎河城（鮎川村の山城）、庚申城（山上村の城）、飯道山城（前に同じ）、岩倉城（勅旨村の山城）、朝宮城（朝宮村の山城）、朝宮支城（前に同じ）、蒲生城（牧村の平城）、山中城（土山村の山城）

●室町時代

小川支城（小川村の山城）、鵜飼城（宮町村の平城）、長野城（長野村の山城）、高山城（高山村の山城）、三木城（同）、平子城（同）、源太城（同）、内貴城（同）、宇田城（同）、下山城（水口下山の城）、山村城（水口山の城）、山村支城（同＝二つ）、山上城（山上村の城）、津山城（伴中山村の城）、水口城（水口の平城）、山中城（宇田村の平城）、三雲城（三雲宿の城）、村雨城（新宮村の平城）、杉谷屋敷（杉谷村の平城）

池田城、（池田村の平城）、池田支城（同）、磯尾城（磯尾村の山城）、頓宮城（頓宮村の平城）、頓宮支城（同）、大野城（大野村の平城）、土山城（北土山村の平城）、黒川城（黒川村の山城）、今郷城（今郷村の山城）、新城（新城村の山城）、嶬峨城（嶬峨村の山城）、嶬峨山城（同）、備後城（同）、村島城（塩野村の山城）、柑子村城（柑子村の山城）、柑子村支城（同＝二つ）、馬杉城（馬杉村の山城）、馬杉支城（同＝二つ）、野尻城（野尻村の平城）、野尻支城（同）、寺庄城（寺庄村の平城）、葛木城（葛木村の山城）、野田城（野田村の平城）、合羽城（龍法師村の平城）、倉治城（倉治村の平城）、新宮城（新宮村の平城）、山岡城（毛牧村の山城）

獅子カ谷城（毛牧村の山城）、毛牧北城（同）、公方屋敷（和田村の山城）、公方屋敷支城（同）、

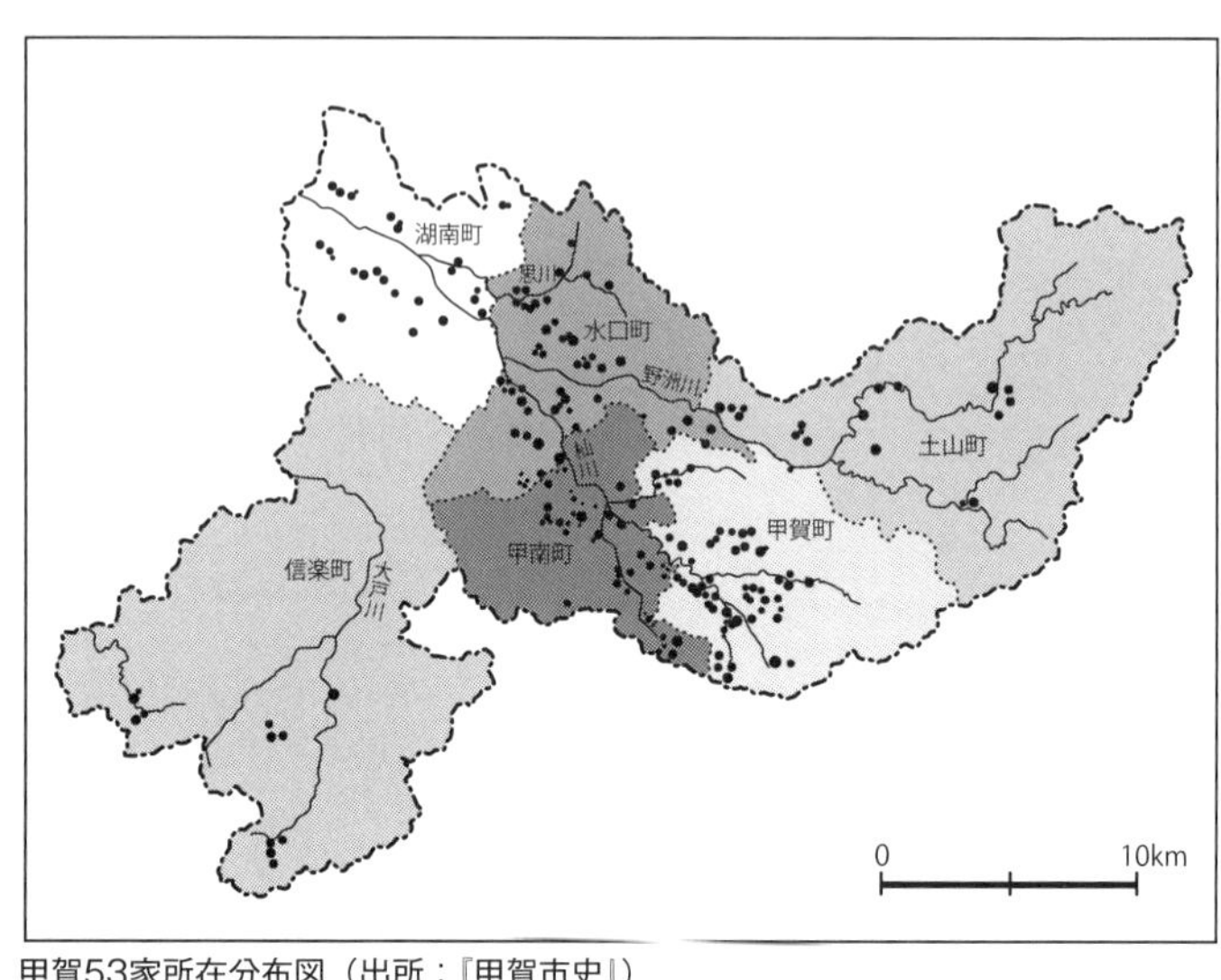

甲賀53家所在分布図（出所：『甲賀市史』）

和田支城（同＝二つ）、高峰城（高峰村の山城）、伊賀見城（同）、神保城（神保村の山城）、隠岐城（隠岐村の山城）、砂坂城（隠岐砂坂村の山城）、岩室城（岩室村の平城）、石部城（石部村の平城）、滝川出城跡（櫟野村の平山城）、櫟野大原城跡（同）、奥殿屋敷跡（神村の平山城）、上田城（上田村の平山城）、南城（大久保村の平城）、大宝城（中村の山城）、鳥居城（鳥居野村の平城）、竹林城（相模村の平城）、相模笹山城（同）、補陀落寺城（市場村の平城）別府城（同）、市場陣山城（同）、高野城（高野村の山城）、油日城（油日村の山城）、油日支城（同）、富田城（同）、五反田口城（同）、上野城（油日村の平山城）、北上野城（上野村の平城）、大原城（田堵野村の平城）、梅垣城（多喜村の山城）、青木城（多喜村の山城）、多喜城（同村の平山城）、多喜支城（同村の山城）、多喜南城（同）垂井城（中村の平城）、水口岡山城（水口宿古城山の山城）、針城（針村の山城）、夏見城（夏見村の山城）、丸岡城（柑子袋村の平城）、菩提寺城（菩提寺村の山城）、谷城（同）宮嶋城（平松村の平城）、青木城（石部村の平城）

●江戸時代

笹山陣屋、（鳥居野村の陣屋）、堀田陣屋（高野村の陣屋）、佐治屋敷（小佐治村の陣屋）、望月本実屋敷（龍法師村の屋敷）、堀田陣屋（嶬峨村の陣屋）、多羅尾代官屋敷（多羅尾村の平城形成の屋敷）、水口城（水口宿の平城）

鵜飼伝左衛門本陣（水口の東伝馬町）、嵯峨彦之亟・堤文左衛門本陣（西伝馬町）

忍者城――仕掛けに地雷・二重塀

甲賀郡内には二百のお城が存在した。そのどれを見ても人影がチラチラする。どの城を落とせば、戦いが有利に進められるのか。

かの戦国の猛将、織田信長をして「皆殺し、焼きつくしの焦土戦よりない」と一度はぼやかせたという甲賀の城づくり。

全部の城に城兵を入れていた。それは将軍から城の重要度をカムフラージュしていたのだ。だから逆に言うと、全部の城を落とさない限り、どの城を落としても甲賀武士団は滅びないということだった。「甲賀郡中惣」で考えられた共和的な城配置と見るのが妥当だろう。

この城が、細かくは各「同名中惣」内に配置され、攻める足利幕府軍や信長軍を悩ませた。

五十三家の軍備と仕掛けを見てみよう。

「武将三千にして一国の動きあり」と評され、兵力は五万人とも言われた甲賀五十三家。甲賀郡でそのころ、これだけの人数を動かせたのか。試しに近年の郡内の総人口は、昭和三十五年（一九六〇）で八万五千余人、平成十二年（二〇〇〇）で十四万六千人だ（県調べ）。

五十三家出陣の時は、馬乗り、弓、鉄砲、長柄、持練り、旗奉行、馬印ら直接の兵力五百四十九人、それに小姓、右筆、台所人ら二百三十八人がつくだけ。総兵力では劣るかと思われる。

城の建物を見てみる。小さな城なのに段がたくさんある。すべての段に建物を建て、三層四層の城に見せているもの。山の片面だけに城を築き、反対側から見ると、何もないただの山であるものもある。これは、前述のからくり、「忍者屋敷」と同じ。あれは平屋が実は三層だったりした。

「忍者城」とも言われる城の特別な仕掛けは、忍者を防ぐ「防忍」の技術が含まれると言う。

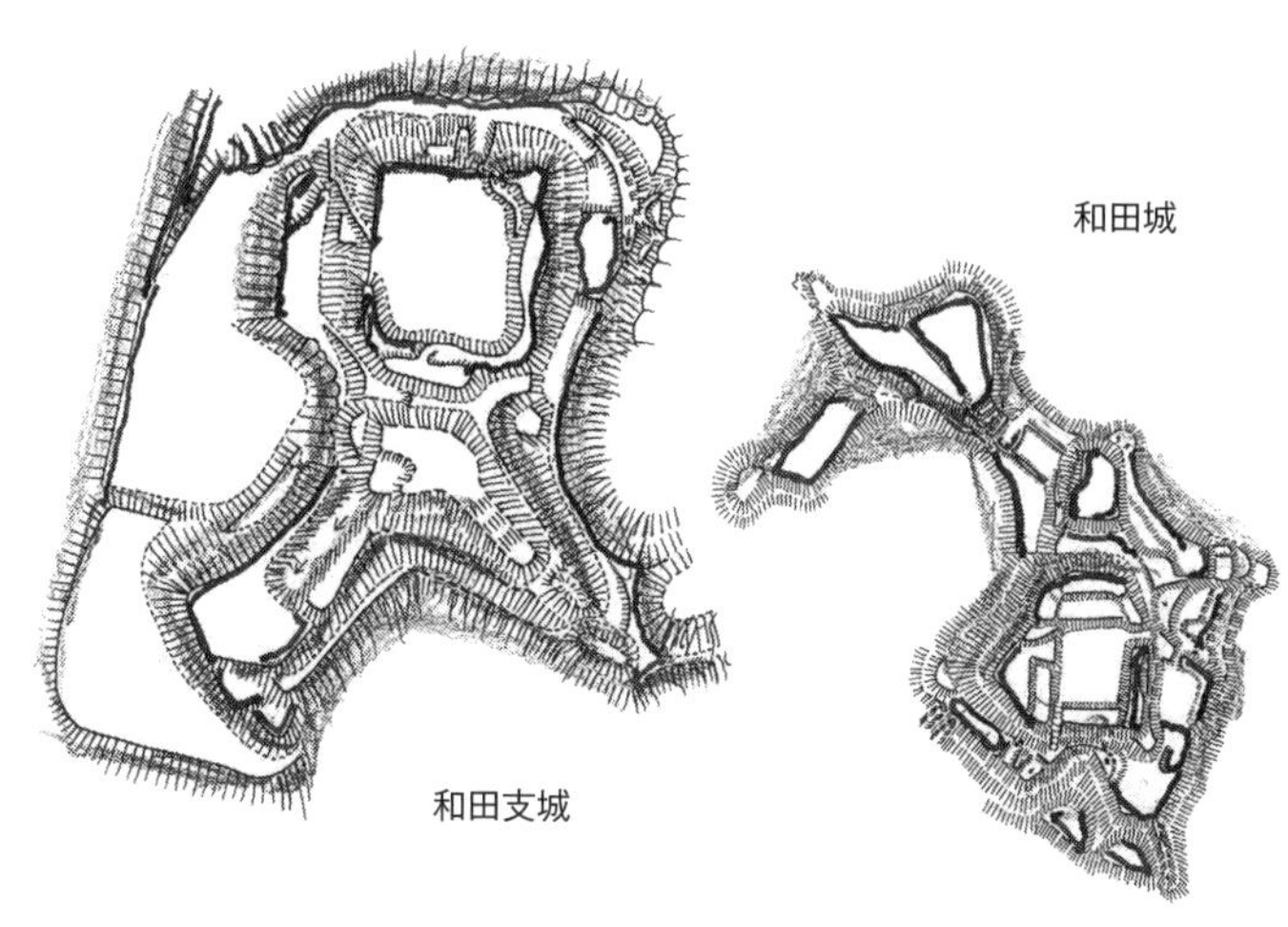

忍者城

まず城の外回りには川や深田を利用する。城はたたき土塁が基本だが、その高さは平均六メートル、高いもので十メートル。

●二重塀……普通の塀の内側にもう一つ塀を作る。外側の塀の根元を折れるようにし、石や材木をつけておく。またへいの窓にも石や材木をつるし、敵が近づくと切り落とす。

●引き橋・堀・ホタル火……引き橋は手前へ引き上げてしまうことのできる橋。敵の侵入を防ぐ。堀は、深いところに水草を縄で編み、草が生えているように見せかけることで外から見ると、浅く見え、敵の足をとめる。ホタル火は、堀を照らしておくかがり火。水面が揺れたりすると、敵の侵入がわかる仕組みになっている。

- 車火・埋め火・地焼き……車火は、車につるした板の上にローソクを立て、板の上からゆっくり動かすと人影がわかる。埋め火は、現在の地雷。地面を掘って石と火薬の入った木箱を入れる。その上に竹を二つに割り、内側に火縄を入れ、外側に口薬（点火用の火薬）を塗る。むしろをかぶせ、土をかけておき、敵が踏むと竹が折れ、火縄が口薬に点火し、石が飛び散る。地焼きは、埋め火と同じで、侵入した敵が踏むと四方に火の手が上がるよう工夫されている。
- 飛脚火・見積もり場・迷路……飛脚火は、高い山と峰で、敵の侵入を夜は火、昼は旗、ほら貝で連係して伝える。見積もり場は敵の人数をかぞえる道路。一定の間隔で何人いるかをかぞえる。迷路は、分疑点で先がわからなくなるようにした道。

「野洲川の合戦」で大敗――裏切られ、千人討ち死に

さしもの六角軍も、滅びる時がきた。戦国の覇者・織田信長の台頭だ。奇襲、夜襲、ゲリラ戦で六角軍の中核だった忍者、甲賀武士団からも多くの死者が出た。そのあと、待っていたのは各地の武将らからの誘い。残る忍者らも分散の道を辿って行く。

永禄十一年（一五六八）九月、尾張の織田信長は、将軍・足利義昭と共に京都に向かっていた。近江南部の佐々木六角承禎（うけさだ）には、途中の受け入れと人質を求めてきた。しかし、名門・六角氏は従おうとしない。信長は直ちに大軍を率いて近江に入り、六角氏の居城・蒲生の観音寺城に迫る。承禎は驚いて甲賀郡に走り、望月氏を頼ってさらに伊賀へ。

この時点で鎌倉以来の名門・六角氏は滅びたと『水口町志』は見ている。それほど信長の勢いはすさまじかったのだ。信長は京都に入るや否や、畿内（皇居に近い地）を安定させた。しばらくは平和が訪れたが、信長が越前の朝倉義景（よしかげ）を討とうと動くや再び近江に戦雲が立ち込めた。六角氏は、江北の浅井長政らと連携して反信長の共同戦線に加わった。一揆勢も立ちあがった。このため信長は鈴鹿の千草峠を越え、いったん岐阜へ帰る。途中、甲賀の鉄砲の名手・杉谷善住坊に狙撃されるが、弾は体をかすっただけだった。

勢いにのった六角承禎は、野洲郡永原城の佐久間信盛、蒲生郡長光寺城の柴田勝家ら信長勢に決戦を挑んだ。場所は甲賀。これは「野洲川の合戦」として歴史に残る。六角軍は、三雲、高野瀬氏らを将とし、甲賀、伊賀の土豪を率いて、野洲川をはさんで戦った。元亀元年（一五七〇）六月のことだ。

激戦のすえ、六角軍は大敗した。取られた首は三雲父子、高野瀬の将らを含め七百八十にものぼった、と『信長公記』は記す。

もう少し詳しい様子を『淡海温故録』から拾おう。

「――六月五日。先陣は三雲一族ら、二陣は甲賀五十三家、三陣は屋刑（六角氏のこと）の旗三雲、石部に押し出し、野洲川原に沿って立入（現守山市）に。ここで信長軍の佐久間柴田の軍勢が不意に立ち、弓、鉄砲を放って乱戦となる。六角軍は大事な戦いだ、と一歩も退かず討ってかかる。柴田勢らがひるみ始めた。そこへ六角軍の三上伊与守の軍勢がにわかに裏切り、味方に矢を放つ。六角軍の将らは、動ぜず、腹背の敵と切り結んだが、敗れる。三雲三郎左衛門ら侍大将五人は、一歩も引かず討ち死に。付きそう侍二百余人、雑兵八百三十六人もことごとく討たれた。（現代語訳）――」

この合戦は、信長軍の作戦勝ち。三上勢の裏切りもあったが、そもそも六角軍はゲリラ戦には強くても、計略と真正面からの戦いに不慣れだったのだ。「忍者部隊」の一面だろうか。このあとも、まだ反信長の戦いは転戦するが、天正二年（一五七四）、六角承禎は石部城で佐久間信盛に攻められ、ついに滅びてしまう。以後、江南は信長の支配下となった。残る甲賀武士団もいくつかに分かれた。

それにしても信長があの日、千草峠で善住坊の弾に撃たれていれば、歴史は変わっていたことだろう。杉谷善住坊は、永禄十一年（一五六八）、観音寺城の六角承禎が逃れて身を寄せた甲賀武士・杉谷与藤次の息子。捕えられ、ノコギリで惨刑に処せられた。

甲賀ゆれ

織田信長の近江平定。甲賀武士らは残る所領を安堵され、大名らからの誘いにも乗った。六角軍として最後の抵抗を試みた彼ら。信長は許す気などなかったが、徳川家康の弁護で所領を安堵されたとも言う（『山中文書』）。

しかし、この点を『甲賀郡志』は、さらに将軍・足利義昭の書状によって助けられたとする。この説は、義昭が、兄・義輝が暗殺された時甲賀に逃げ、油田和田城の和田惟政（これまさ）に匿ってもらった恩義を忘れなかったものとしている。

ともあれ、甲賀武士らは信長の支配下に生きる。そして、各地の大名にも仕えた。そして、同時に「甲賀共和制」とうたわれた自治組織「甲賀郡中惣」も崩れた。

応仁の乱以降、六角軍の中核部隊として夜襲にゲリラ戦に名をはせた甲賀武士だが、彼らはこの時点から「忍者」や「忍者使い」、「甲賀者」などと呼ばれて忍びの技術のスペシャリストとしてのみ、世に残った。

信長は、甲賀の社寺をいくつか安土城に持ち去った。この地方でも有名な柏木神社の楼門は現在、安土城の見寺楼門となっている。

名門・山中氏に見ると、信長の所領の安堵は長続きしなかった。天正五年（一五七七）、紀州雑貨（さいか）の一向宗徒攻めの折、羽柴秀吉に従って出陣した山中俊好がひどい中傷にあい、知行（幕府や藩から家臣に俸禄として支給された土地）を没収された。

原因は、雑貨の太田城を水攻めするため築いた堤。これが俊好の持ち分で崩れた。それを雑貨への内通だと訴えられたのだ（『紀州御向記』）。事の真相は明らかではない。秀吉の激怒でと言うより信長が中傷を利用し、山中氏をとりつぶしたのでは、と『水口町志』は見る。

『山中文書』では、山中氏は一町四方の屋敷だけそのまま置かれ、知行を取り上げられて浪人となる、とある。このように甲賀武士の多くがこの前後に没落した。これが世に「甲賀ゆれ」と呼ばれる。この折、家康が救援米を送っている。続いて、在地の武士に代わり、新しい領主が甲賀を治めた。

天正十三年（一五八五）、中村一氏（かずうじ）が、三雲城を毀（こわ）してしまい新しく古城山頂に水口岡山城を築いた。城は山頂の本丸、二の丸、三の丸、西の丸と四つの郭からなる。秀吉の甲賀支配のシンボルだ。

この城、別名・古城山に登ると、標高二百八十一メートルの丘陵なので、ほとんど郡中を一望できる。前に野洲川、東に鈴鹿峠と、軍事的にも重い位置を占める。こうして水口は郡内でただ一つの近世的な城下町となって行く。

中村新城主は、甲賀、蒲生両郡に六万石を持ち居城したが、六年で駿河府中に十四万石を得て移る。（石＝体積の単位。穀物で知行高を表し、一石は十斗で約百八十リットル）

二代目城主は増田（ました）長盛。秀吉側近の五奉行の一人だった。特に太閤検地（京枡で石高を算定し、耕作者を検地帳に記載して年貢負担者を確定する全国的な検地。荘園制下の所有関係が整理され、封建体制の基礎が確立された）につくした政治家だ。朝鮮に渡った文禄の役では、弾薬、糧食の輸送にあたり、石田三成らと軍奉行にもかかわった。没後、功によって大和郡山に二十万石を与えられた。

三代目の城主は長束（なつか）正家。栗田郡の出身でこの人も五奉行の一人。城下は繁栄したが、慶長五年（一六〇〇）の関ケ原の戦いで正家は敗走。水口岡山城を守ろうとするが、攻められ日野に落ち自刃、落城した。のちに、城は地元出身の美濃部茂盛に預けられるが、廃城となる。

織豊時代

信長、秀吉、家康と時は流れた。そしてお殿様による封建制が確立した。世に言われる「信長は忍者を使った。秀吉はきらった。家康は重宝がった」。これは忍者ホトトギスか。忍者を多く放って情報を集める「忍者政治」。結局、忍者を重宝がった徳川家康の隠岐政治が天下を押さえ、維持したと言えるだろう。

信長は、武将に大原荘出身の甲賀武士・滝川一益を使っていた。また信長の統治下、所領を安堵された甲賀武士らが天正九年（一五八一）、「後期天正伊賀の乱」に出兵している。信長への義理からだろうか、かつて盟約していた伊賀武士皆殺しへの参加だ。伊賀武士団の最後の抵抗は二週間続いた。伊賀の国で初めての大難だった（『信長公記』）。

家康は、もっと早くから甲賀武士を使っている。例えば永禄五年（一五六二）、今川方の鵜殿長持の率いる三河・西郡城を攻めた時、伴太郎左衛門ら甲賀武士八十余人に頼っている。彼らは夜、城内に入り、やぐらのいくつかに火を放って切りまくった。終始、無言だったと言う。守将・長持は首を取られ、息子も生け捕られた。この攻撃は家康が今川氏から独立して、信長との同盟をはかったものと言われる。

活躍した伴氏は、大伴氏の系譜をひく名門。甲賀二十一家の柏木三家の一つで現水口町伴谷が本居だ。伴太郎左衛門は、鵜殿攻撃のあと、信長に従っていて本能寺で討ち死にしている。

家康ばかりではない。当然ながら戦国大名が忍者を使った記録は数多い。記録には「草」、「透波（スッパ）」、「乱波（ラッパ）」、「突破」などの名で出てくる。

家康の甲賀・伊賀越えも守る

信長が本能寺で明智光秀に殺されたのは天正十年（一五八二）六月二日。「天正伊賀の乱」から八カ月後のことだ。ここで甲賀武士がまた登場する。この時、家康は、信長の招きで堺を見物していた。数人の家臣を連れ、茶屋四郎二郎の家に泊まる。そこへ、伊賀の忍者服部平太夫が異変の知らせを持ってきた。いそぎ間道伝いに宇治へ逃げる。さらに近江信楽、伊賀柘植を経て、ようやく伊勢から三河に帰りついた。

これは「東照神君（徳川家康）の御生涯御艱難の第一」と言われる「神君伊賀・甲賀越え」だ。堺を出発した一行は藤井寺・八尾・四条畷・交野・草内・宇治田原（山口城で宿泊）・亀山・白子と移動し、最後は船で岡崎へ帰った。

武将穴山梅雪が家康と間違えられて落ち武者狩りの土民に襲われて命を落とした。堺まで一緒だった武田の降将・穴山梅雪は、家康と別行動をとったばかりに命を落としたのだ。

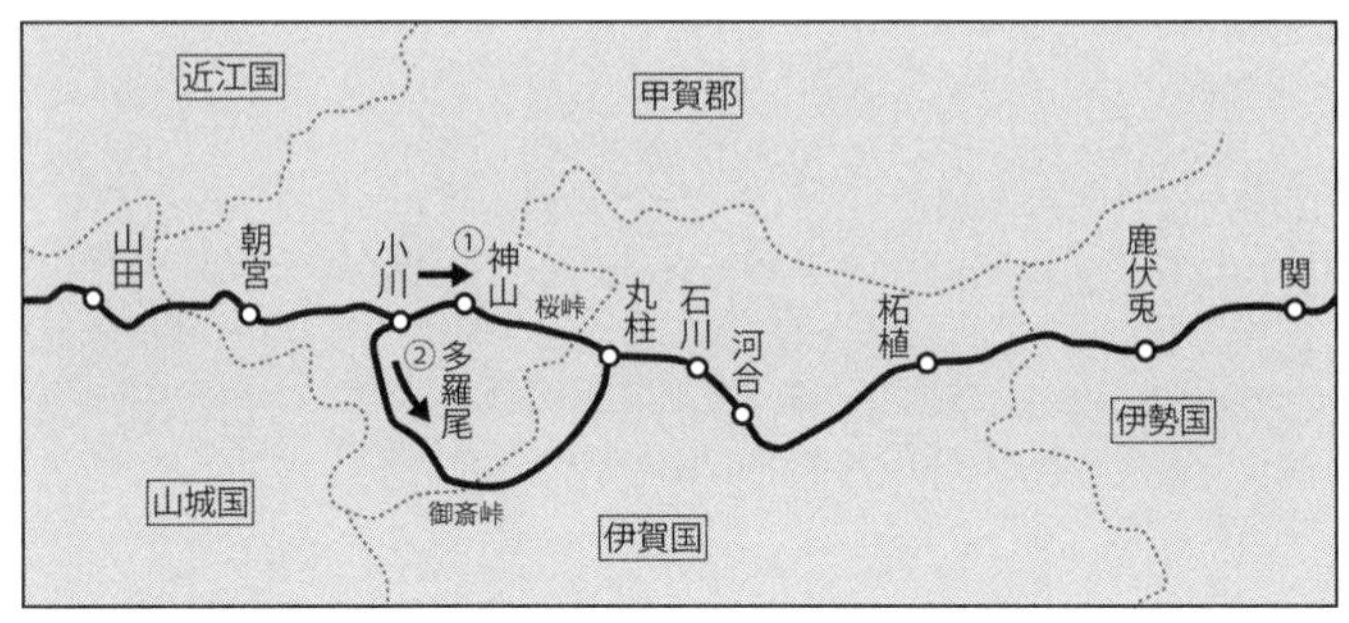

①『石川忠総留書』坤のルート
②『徳川実紀』のルート

徳川家康の甲賀・伊賀越え

6月2日　堺→平野→阿部→山ノねき→ほたに→尊念寺→草地→宇治田原

6月3日　宇治田原→山田→朝宮→小川

6月4日　小川→向山(神山)→丸柱→石川→河合→柘植→鹿伏兎(加太)→関→亀山→庄野→石薬師→四日市→那古

ルートにはつぎのような諸説がある。

1．小川→神山→桜峠→丸柱→石川→河合→柘植
2．小川→神山→桜峠→丸柱→音羽→河合→佐那具→下柘植→上柘植
3．小川→多羅尾→於登岐峠→上野→佐那具→下柘植→上柘植
4．小川→神山→槇山→玉滝→西湯舟→東湯舟→小杉→上柘植
5．小川→神山→槇山→上磯尾→馬杉→毛牧→和田→余野→上柘植
6．堺→竹内峠→大和路(大和高田→桜井→泊瀬)→伊賀路→三河大濱

神君甲賀・伊賀越え推定ルート（出所：『甲賀市史』、1～6の諸説紹介は『忍者検定読み本』より）

二日目は甲賀信楽の、多羅尾光俊の小川城で宿泊した。その時終始、家康を助けたのが、甲賀武士ら百余人。『水口町志』には、和田惟政の弟・定教はじめ惟長、柘植清広、武島、美濃部らの名が挙げられている。当時まだ四十一歳とは言え、その時家康は疲れていた。宇治田原の近くでは光秀のクーデターを知った土民が立ち、農民一揆が血刀をふるった。

人目をくぐっての逃避行は難儀だった。光俊は、次男・光太と三男・光久と共に宇治まで家康を迎えに出た。宇治原から十数キロ、しかもその日は大雨だった。やっとの思いで四日目の夜、信楽小川城につき、光俊宅に一泊。翌早朝、家康は光俊父子や和田定教ら甲賀武士の一団に守られて出発し、伊賀を越えて伊勢に向かうも、ついに上柘植で土民の一団に襲われた。新たに加わった伊賀武士らと共に一味を討ち、白子浜から海路、三河へ送った。「家康伊賀越えの難」と伝えられる。これを機に甲賀武士との縁も深まる。

伏見城攻防めぐり賞罰厳し――苦渋を越え甲賀百人組

織田信長の治政のもと、甲賀武士は「甲賀ゆれ」で多くが没落した。秀吉から家康へと世は変わる。しかし長く続く徳川藩政下でも、甲賀武士は再起のチャンスをとらえていない。

「雇われ忍者」としてのささやかな歴史を追おう。「武将三千」と言われた戦国時代。信長勢に最後の決戦をいどんだ「野洲川の合戦」では討ち死に千人。のち「甲賀ゆれ」や伏見城の戦い、関ケ原合戦での死者や没落者も少なくない。徳川の世では、甲賀武士の総数が千人を下回っただろうか。

まず関ケ原合戦の前衛戦となった伏見城の攻防。栗太武士、山岡景友道阿弥（みちあみ）は、先祖が甲賀郡の出身で、家康から甲賀武士へのパイプ役を頼まれた。

『寛文七年甲賀古士訴状』などによると、慶長五年（一六〇〇）七～八月の関ケ原合戦前後がこうだ。

七月下旬、山岡景友から甲賀武士に「こんど石田三成の反逆で徳川の伏見城が危うい。家康に忠節を尽くすのはこの時だ。早速、城にかけつけるよう」と知らせがくる。甲賀武士百余人が伏見へ向かった。このあと、残る三百人を押しとどめて上野、中上らが言った。「そのうちに家康父子が攻め上がってくる。合戦は美濃、尾張両国の間になろう。この一戦で勝利する者が天下の統一者だ。甲賀武士は、しばらく君が畑（現永源寺町）の山中にこもって様子を見ようじゃないか」と。

ところが、大坂方の水口城主・長束正家がこの話を聞き、あわてて甲賀武士の集合を命じた。妻子を人質にとり、主謀者と見られる上野、中上を水口の町はずれで、はりつけにした。これには助命説もあるが、残る三百人は徳川方につくと見られたのだ。

一方、伏見城にかけつけた甲賀武士ら。合計二百石近い前金をもらい、松の丸にこもって戦った。

長束らの率いる大坂方が攻めても徳川方の伏見城は容易に落ちない。そこで長束が一計を案じた。手勢の中の甲賀者、浮貝（うきがい）藤助に命じ、松の丸にこもる甲賀者・山口宗助と永原十内の二人へ矢文を放ち、裏切りするようそそのかした。

矢文には「伏見城内に火を放ち、寄せ手の大坂方を引き入れたなら、大坂の秀頼公から莫大な恩賞が出る。もし同意しないときは、故郷甲賀に残した妻子や一族をことごとくはりつけにする」とあった。驚いた城内の甲賀者は、「今夜半、城内に火の手をあげる」と返答し、実行した。

このため二週間にわたって攻めあぐねた伏見城が一夜で落ちた。徳川方を裏切った山口、永原ら甲賀者十八人は関ケ原合戦の後、捕えられ、栗田口ではりつけにされた。

甲賀百人組が生まれる

徳川方につこうとはかった者、伏見城内で裏切り大坂方に回った者、いずれの甲賀者も成り行きとは言え、厳しい刑が待っていた。しかし、山岡景友に従い、大坂方の誘いを断り、徳川方として戦った甲賀者もいた。伏見城落城の時、高嶺新石衛門ら七十人が城をまくらに死んだと言う。

この功で、生き残った甲賀者十人に家康からそれぞれ、与力（大名や有力武士の支配下でこれを補佐する役の下級武士）の職を与えられた。また各与力の下に同心十人が置かれ、二百石ずつ出た。都合与力一人に四百石、与力は十人いたから合計四千石。この録高をもとに甲賀百人組が生まれた（『甲賀古士記』）。苦渋の中からの小さな誕生だった。

「浅ましい勤めご免」──三百人、鉄砲同心断る

伏見城をめぐる処刑は、「天下取りの犠牲になるな」と甲賀忍者たちの心に深跡を残した。関ケ原の合戦で忍者を盛んに使った近江の井伊直政は戦後、石田三成の居城だった佐和山城に入り、十八万石の大名になった。その直後、直政は「伊賀十人組」という忍びの組を作る。甲賀者は、そっぽを向いたのだろうか。

大坂の陣──甲賀百人組は鉄砲組に

これに続く大坂の陣。『甲賀古士訴状』によると、前述した山岡景友配下の甲賀百人組が鉄砲組として徳川方に加えられた。大坂城の攻防には、真田幸村配下の鉄砲組の活躍がめざましい。

奇襲戦法を得意とする忍者たちも、このころの平野部での大合戦では鉄砲組以外に使い道がなかったのか。

大坂の陣をめぐって、こんな話がある。

甲賀百人組の出陣に際し、山岡景友は、百人組に入っていない甲賀衆三百余人に向かって言った。「自分自身の鉄砲を持ち、歩いてついてこい」。これに答えて彼らは言った。「昔からいつの世でも甲賀者はそのような浅ましい勤めをしたことがない。われらは鉄砲同心としての従軍を断る！」鉄砲を持参しての従軍を拒んだのだ。甲賀忍者の誇りであろう。

伊賀忍者より五十年後に江戸出府

甲賀の忍者たちが、江戸に移り住むのは、寛永十一年（一六三四）、江戸城と城下町がほぼ整えられてから。伊賀の忍者たちより五十年も後のことだ。

前述の甲賀百人組は、地元にいながら計四千石をもらっていた。頭領がおらず、合議制の伝統も続いていた。父祖の地を離れて江戸へ移ることについては反対意見が強く、たとえ将軍のすすめでも断ってきた。いきおい人々への貧窮が迫っていた。幕府としても、いつまでも在地のままでの家禄給付は困る。寛永十一年に将軍家光が京都にきた時、膳所城に年長の十人を呼んで話を

東京都青山にある甲賀稲荷神社

聞いた。帰りには、再び水口城に代表を呼んで江戸への移住をすすめている。やがて、大原氏ら数人が江戸移住を決意した。江戸の青山に住むことになり、甲賀百人組もようやく江戸に移す。その名残りが麻布の笄（こうがい＝甲賀、伊賀）町、神田の田賀町。町名舞台だけが歴史に残る。

江戸城の警備は、時代によって異なるが、大体、甲賀百人組が本丸と大手三門、伊賀二百人組が大奥とからめての裏門を受け持った。伊賀者が隠密同心として諸大名の動静をさぐるのは江戸時代の初めから。甲賀百人組に隠密としての記録は残っていない。

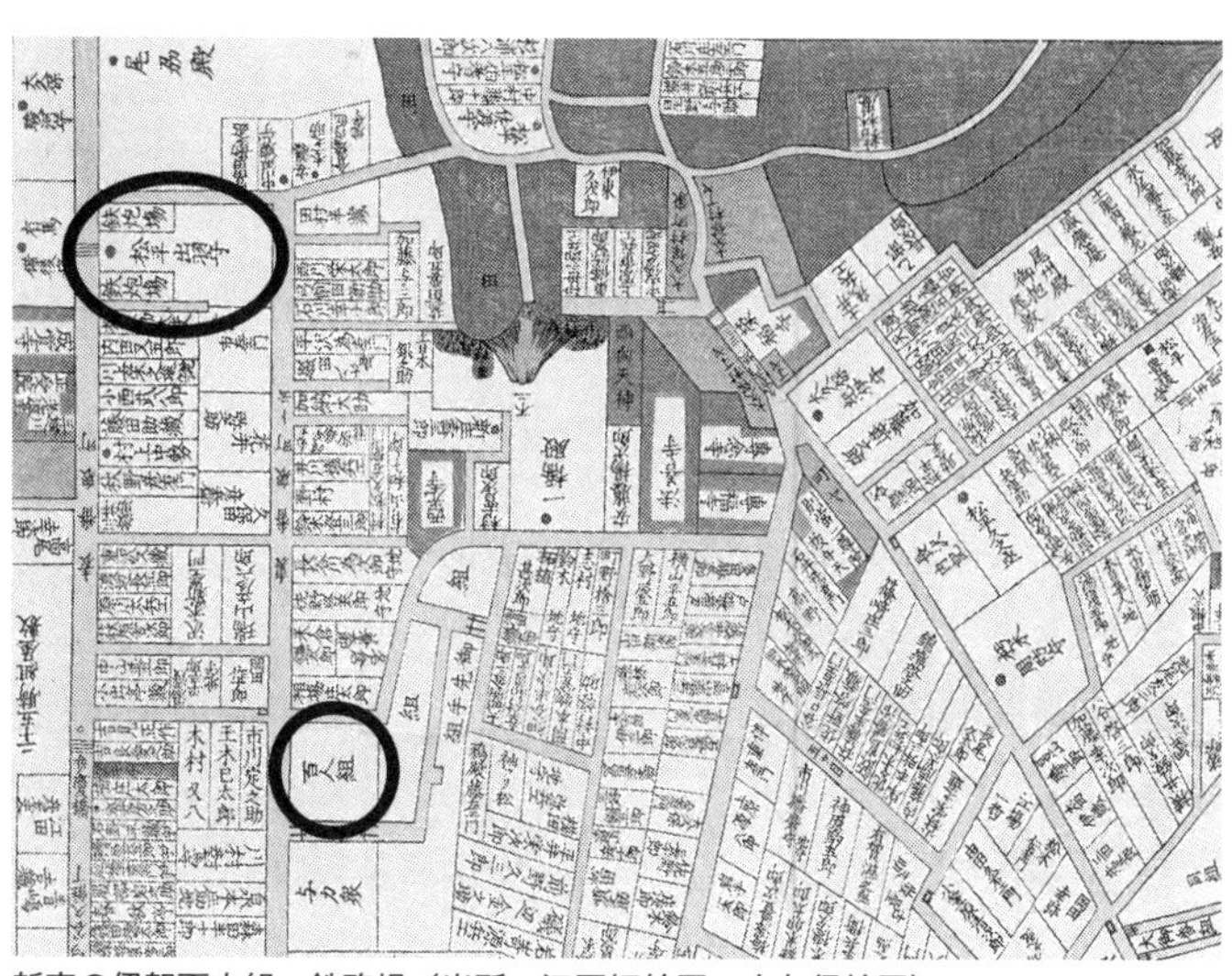

新宿の伊賀百人組　鉄砲場（出所：江戸切絵図、大久保絵図）

幕府鉄砲組

『幕府職制一覧』には、幕府にも鉄砲百人組という組織があり与力二十人、同心百人がいた。一番甲賀組、二番根来組、三番伊賀組だ。幕府の鉄砲隊がほとんど忍びの里出身者で占められていた。戦国の忍者たちは、火術に長けたため鉄砲の名手でもあった。だが、それぞれの体力と特徴を生かした術を身に着けていた。一率に鉄砲打ちをまかされたのであろう。徳川幕府の身分制と世襲制。それに世代交代の中で忍者は次第に姿を消していく。故郷で帰農したのだ。

八代将軍・吉宗は紀州の根来忍者を呼び、「お庭番」を作った。これは現代で言うなら秘密警察。ここで働く隠密に、小領主として活躍した戦国の忍者の面影はない。誇りを失った暗

原城石垣を登る忍者
島原の乱（出所：「嶋原陣図御屏風－戦闘図－」一部、朝倉市秋月博物館蔵）

い忍者の顔だけが残った。

島原の乱――甲賀衆の偵察で総攻撃

忍者、甲賀武士の最後の活躍の場は「島原の乱」。忍者とか忍術使いと言われる甲賀武士は、戦いでどんな役割を果たしたのか。この質問に答えられるのが、「島原の乱」での望月与右衛門ら十人の働きだ。

「島原の乱」、「天草の乱」と呼ばれるこの反乱は寛永十四年（一六三七）に、重税に苦しむ農民の一揆に、キリシタンの宗教的反抗が加わり起こった。場所は九州・島原半島南端の原の古城。

幕府の包囲軍十三万に対し、城にこもる士農男女は四万人。十ヶ月に及ぶ攻防戦が続いた。

反乱軍は天草四郎時貞のもと失業武士らが加わり、島原城主松倉藩の軍勢を破る。幕府は板倉重昌を派遣し、九州諸藩の兵を動員するが、重昌は敗死。代わって翌十五年正月、「知恵伊豆」で知られる松平伊豆守定綱が総指揮にあたる。二月末まで二ヶ月間の攻撃となったが、ここで甲賀衆が活躍した。

　この時、甲賀衆は出陣する松平伊豆守を東海道・水口宿に迎え、従軍を申し出た。大坂まで百余人がついて行き、結局十人だけが選ばれ、従軍した。

『鵜飼勝山実記』などによると、その顔ぶれは、望月与右衛門（三十三）、芥川七郎兵衛（二十五）、山中十太夫（二十四）、伴五兵衛（五十三）、夏見角介（四十一）、岩根勘兵衛（四十五）、芥川清右衛門（六十）、鵜飼勘右衛門（五十四）、岩根勘左衛門（五十六）、望月兵太夫（六十三）（以上数え年）。いずれも五十三家の人。

『勝山実記』から、その活躍ぶりを見てみよう。

・正月六日……伊豆守から甲賀の十人に敵情偵察の命が下る。敵城の堀ぎわまでの距離、沼の深さ、堀の高さ、矢狭間（やざま＝銃眼）などを調べ、絵図を作る。忍びに出たのは芥川七郎兵衛ら五人。敵城から猿火（照明）、たいまつなど投げられたが、夜にまぎれ、味方の死体にも隠れて測量し、伊豆守らを感服させた。絵図は江戸へ献上された。

●二十一日……鍋島信濃守の兵が堀を越え兵糧米一俵分を盗んできた。甲賀衆にもやってもらおうということになったが、「物盗りはやれない」と断る。しかし伊豆守に「敵にとって兵糧は命の綱。一粒でも取ってきてくれ」と頼まれ、その夜、十人が忍び入る。十三俵を盗み出した。その際、敵の秘密用語（唱言）も盗聴した。

●二十七日……強行偵察の命が下る。望月与右衛門ら五人が出る。望月、芥川の二人が城内に忍び入り様子をさぐるうち、望月が落とし穴にはまる。芥川は望月を穴から引き上げ、敵の旗を証拠に取り、逃げ帰る。だが、帰る途中一斉に石を投げられ、二人は半死半生の怪我を負った。外にいた三人に助けられる。しかし落城前の一ヶ月後には二人とも回復し、最後の攻撃に参加。城内の案内役もした。

●二月二十日……敵の食糧事情をさぐる。「食べているのは海草と芝ばかり」と報告する。伊豆守は、これで二十七日の総攻撃を決意した。事実、落城した時、城内の食糧は白米十石、大豆三石、みそ十樽を残すだけ。これが二万を超す反乱軍の最後の食糧だった。甲賀衆の情報に頼った伊豆守の原城「食糧攻め」が功を奏した。

●二十七日……総攻撃当日。甲賀衆は伊豆守について二の丸、三の丸の占領に加わる。落城まで各大名の連絡係もした。

乱のあと、十人への恩賞は米五石五斗と岸和田藩の巨籍という、ささやかな報いだった。「島原の乱」は甲賀忍者の活躍を歴史に残す最後の舞台となって終わった。

批判越えて一揆主導

安土・桃山時代。「甲賀ゆれ」ののち、甲賀武士は力を失って多くが農民になった。江戸時代に向かい、甲賀の共和制、「郡中惣」も維持できなくなる。代わって現れたのが、農民の団結する「村惣」や「惣村結合」である。ただ五十三家や二十一家の武士らは「甲賀古士」を名乗り、村落間の論争の仲裁役になった。

例えば慶長十年（一六〇五）、池田・野川両村の山論には美濃部氏、十一年の宇治河原・宇田の論争には前野氏、十六年の牛飼ほか三村の山論には黒川、土山、和田の三氏が仲裁にあたった、と記録されている。これが「郡中惣」の後身らしさだ。

その時古士らは、中世からの居館をその古里にかまえ、百姓でありながら、非公式に苗字と帯刀を許された。

『望月修氏文書』には、こう記している。

「――婚礼並びに葬礼神事祭礼等の節、そのほか諸方の御家中にも郷士と申し立て、縁組仕り御座候得ば、御家中縁類への往来等帯刀仕り候事、古士子孫の風儀に御座候――」

つまり、普段は百姓の仕事をしているが、冠婚葬祭の折や武士と縁組し、交際する時は、帯刀するのが古士の慣習だというのだ。さらにつぎのようにもある。

「――惣体として庄屋役之儀は水口御領分にても外の村にても、成るだけ古士の子孫之者へ仰せ付けられ候が多く御座候。(中略)即ち甲賀にて由緒これある家筋を名主ととなえ申し候。伊州にてはこれある家筋を無足人ととなえ夫役御免に……――」

甲賀古士のほとんどが、村庄屋として名主(みょうしゅ)時代の慣例に従い、村の面倒をみている。だが、伊賀では「無足人(主従関係を結びながら知行する所領、所帯を与えられていない下級武士)」のように制度として優遇されていないことも記している。このことが、むしろ村の百姓の信頼を集めることになり、天保十三年(一八四二)の「近江天保義民」の決起につながる。

この時は、幕府役人の不当な検地に反対し、古士ら村々の庄屋を先頭に、四万の農民が立ち上がった。「古士＝庄屋」には農民の批判の声もあったと言うが。

幕府へ窮状訴える――『萬川集海』

忍者の末孫、古士らの困窮ぶりがこのころ幕府に出された訴状にうかがえる。その一つが寛政元年（一七八九）、幕府に『萬川集海』を添えて出された訴状。『山中文書』には、甲賀古士惣代として大原数馬、上野八左衛門、隠岐守一郎の三人が江戸に行き、寺社奉行に嘆願したとある。内容はつぎの通りで、幕府に二十一家の困窮ぶりを訴え、保護を願っているのだ。

「――十人が秘術口伝等心掛け罷り在り候、うち八人は、段々困窮仕り、術等心掛け等閑（おろそか）に相成り候。このほか二軒改殁（没落）仕り候――」

隠さずに忍術を伝える

幕府は、出府した三人に銀五枚、十人に銀二枚、困窮の八人に銀一枚を与え、慰めている。それから七〇年余年後の文久三年（一八六三）二月の『宮島文書』（甲西町）に「甲賀古士盟約状」というのがある。その中の一条に、

「――忍術之儀は同盟の内にも長短これ有る事故、互いに匿蔵する（隠す）ことなく長ずるものより教諭致す可く、慈愛加うるべき事――」

というものがある。

これは驚くべき記録だと言われる。農民になった忍者たちは、かつて他人には口外することのなかった忍術を「隠すことなく」上手な者からそうでない者へ教えていた。「甲賀古士」らは、

こうして自らの忍術を将来生かすときが必ずくると、農業をしながら受け継いでいたのだ。

長岡城攻めなど参加――明治天皇の東幸も護衛

幕末から明治の初め、甲賀古士らは維新の「甲賀隊」などとして動いた。『甲賀郡志』を中心に調べてみる。

文久三年（一八六三）八月、現奈良県五条市で大和国五条の変（＝天誅組の変）が起きた。尊王攘夷（そんのうじょうい）過激派の天忠組、土佐・中村虎太郎らの決起だった。決起組は河内の庄屋らも加わって五条代官所を襲い、年貢半減などを地元に布告した。

古士ら五十人は、二十九日に甲賀郡を出て、九月一日に巨籍のある岸和田藩にかけつけた。その結果、岡部藩主の臣・久野三郎兵衛の指揮下に入り、河内国石川軍に陣を張る。守護と偵察が仕事だ。だが、この変は中央の情勢が一変し、決起組の天忠組は敗北、古士らも帰った。

慶応四年（一八六八）正月の鳥羽・伏見の戦いのあと、朝廷は東征大総督（旧幕府軍勢力抑制のために維新政府が設置した臨時の軍司令官）や鎮撫使（佐幕派追討のために維新政府が任命した臨時征討軍）を出し、東北の征討にかかった。甲賀の大原数馬らは、同月九日、大坂で仁和寺宮（東伏見宮嘉彰親王）のもとに参上し、従軍を申し出た。

宮は、その忠誠を喜ばれ、「甲賀隊」の名を賜った。二月、「甲賀隊」は、宮の指示に従い、大坂城外の村々を警らした。宮が京都に帰られると、宮の邸内で薩摩藩士から新式の練兵を受けた。六月二十二日、宮が越後国の総督となられ、軍を東北に進められたため、共に七月十五日、越後国柏崎（現新潟県柏崎市）に入る。二十九日から長岡、村松などの城攻めに参加し、九月二十一日転じて激戦の出羽国山形（現山形市）へ。十月二十三日には大総督宮（有栖川宮）が東北の平定を上奏。翌月四日、総督宮（東伏見）も東京へ帰り、甲賀隊も甲賀郡へ戻った。

この東北遠征で古士の負傷者は四人、感状を受けた者は十三人。宮の感状には「砲丸乱発の中、奮戦し、ついに賊の先陣をくじく。負傷者の苦悩も深い。あわれみに絶えない」とある。

戦いは山形の庄内口で起こり、参加は数十人かと思われる。「甲賀隊」の足跡はここに終わる。

明治天皇は明治元年（一八六八）、旧暦九月八日に元号を改め、一世一代の制とされた。新暦では十月二十三日のことである。この改元の十二日後の九月二十日、天皇はご東幸（東京行き）のため京都を出て、二十二日、近江国甲賀土山（現土山町）の土山家本陣に宿泊され、ここで十七歳（数え年）の誕生日を迎えられた。新歴では十一月三日、これが第一回の天長節だ。

明治天皇は、泊まり先の土山住民全戸に新酒三石、干しスルメ千五百枚を賜った。自分はスイカの皮でカメを作って遊んでおられたと言う。このカメが今も町に伝わる。土山家本陣には、

「明治元年十一月三日ご一泊、十二月二十日ご休息（ご昼食）」の記録があり、玉座や手あぶりも当時のまま残っている。土山家の初代は、甲賀古士土山鹿之助で、由緒ある関係のあった肥後熊本藩主より名字帯刀を許され、三代目が初めて本陣職をつとめた。なお、水口宿の本陣は、江戸時代前期から鵜飼家（作坂町）がつとめ、鵜飼家は土山家同様に土豪の系譜に連なる甲賀古士であった。

甲賀古士らは、最初のご東幸と翌二年三月のご再幸の時、人知れず行列にお供し、鈴鹿峠の前後を護衛したという。ご再幸の折には、関駅で新米五俵を献上している。

美濃部氏

江戸時代は、甲賀古士のほとんどが困窮した。明治以降はどうだったのだろう。末孫に栄光はあったのか。

世上、語られるのは美濃部氏。二十一家のうち柏木三家に属し、水口が本居。慶長五年（一六〇〇）、関ヶ原の役で水口岡山城は三代目城主・長束正家が敗れ、落城した。城はこのため地元の美濃部茂盛に預けられたが、のちに廃城となる。代わって、寛永十一年（一六三四）、三代将軍家光の宿館にと、平城の水口城（碧水城）が築かれる。この場所が美濃部氏の居館跡。同家は旗本として江戸へ参上した。よくよくお城と縁が深い。

明治になって江戸落語家の古今亭志ん生（ここんていしんしょう）がいる。本名、美濃部孝蔵。東京・神田に生まれたが、父が旗本の出で旧戸籍は士族。甲賀・美濃部氏の直系と言う。自由活達な語りから飛び出すギャグは無類である。落語本来の持ち味で、昭和の落語界を代表した。落語協会会長をつとめ、紫綬褒章、勲四等瑞宝章を受ける。昭和四十八年（一九七三）没。八十二歳だった。

天皇機関説の憲法学者である美濃部達吉と、その息子で元東京知事の美濃部亮吉も甲賀の美濃部氏の子孫。達吉は貴族院議員に勅選され、『憲法講話』で天皇機関説を唱えた。政治評論でも活躍したが、右翼陣営の攻撃を受ける。昭和十年（一九三五）、議会で「天皇機関説は国体に反する」と糾弾され、著書は発禁となり、議員をやめる。これは「天皇機関説事件」として有名。息子の亮吉は、統計学者で法政大学教授。昭和四十二年（一九六七）、師である大内兵衛らに推され、東京都知事選に立候補し当選。三期十二年つとめる。老人医療費の無料化、シビルミニマム計画の策定、公害防止条例、自衛隊観閲式の拒否など革新系の政策で知られる。のちに参議院議員となる。このように父子共に民主主義の実行者であるのは、先祖の「甲賀共和制」が血に流れるためだろうか。

多羅尾氏

天正十年（一五八二）、徳川家康が本能寺の変を知り、いそぎ間道伝いに逃げるのを助けたのが、信楽の豪族・多羅尾光俊だ。「神君甲賀・伊賀越え」の途中、光俊は信楽に泊まった家康に「守護神」として愛宕(あたご)権現像を贈った。同家の家譜によると、この像は正応年間に左大臣近衛家基が多羅尾家にゆずったもので、元は源頼朝の守り本尊、勝軍地蔵と言う。家康はこれを江戸城南鬼門にあたる丘に奉った。これが「芝の愛宕神社」だ。ゆえに多羅尾家は、明治維新までずっと歴代、信楽代官をつとめる。徳川家から代官職世襲制が認められたのは、全国にも多羅尾家以外例がない。

くだって忍者の甲賀武士が江戸・神田の甲賀町に移り住んだのは寛永十一年（一六三四）、将軍家光の時代だ。『甲賀郡志』では、最初「大原氏以下数人上諭に従い江戸に転住」とある。甲賀者はもともと江戸詰めをきらっていた。ではだれが、江戸への仲介をしたのだろう。家康の側近にある一人の女性がいた。その名は良子(りょうし)、多羅尾家の娘だった。『近江輿地志略』には、「光太の娘、歳十三の折、家康に仕え、没後、四十三歳にして家郷に帰る」とある。この良子が、さきに江戸入りした大原らと図り、古里のつわものを次々と幕府に推したと考えられる。昭和の戦後、多羅尾氏の末孫、光道氏は代々の村長から井伊彦根市長を補佐する助役に転じた。

伊賀武士団

伊賀武士団の発生は、甲賀武士団と同じ鎌倉時代前後と言われ、城跡も現在、五百十余カ所あり、甲賀の城跡百八十を上回る。史書に、伊賀衆二百人の表現が多く散見され、伊賀土豪が配下に、各々二百から三百の忍者がいたようだ。伊賀武士は上忍・中忍・下忍の上下関係にあり、上忍は、服部家、藤林家、百地家が三上忍で、最高司令官を担い、中忍は司令官の命を受け、下忍の先頭に立って陣頭指揮する。中忍は僅かしかいない。名が知れた中忍に、伊賀四十九流開祖の楯岡道順、信長を鉄砲で射かけた藤林配下にある音羽の城戸がいる。なお、甲賀五十三家がすべて中忍で、甲賀には上忍がいなかったと言われ、甲賀武士団が自治組織、「甲賀郡中惣」を作っていたように伊賀には、「伊賀国惣国一揆（そうこくいっき）」があった。

「伊賀惣国一揆掟書」『山中文書』は、大和の三好党に対する防衛から、甲賀郡中惣に合力を申し入れたもの。伊賀武士団は室町時代末期から戦国時代、周辺大名による侵略に備え、内部の対立を越えて土豪の連合組織を作り、近江六角氏とかかわりも持った。永禄六年（一五六三）、甲賀では、織田信長と同盟を結んだ伊賀土豪は反信長勢力六角氏から領地を没収された。同九年

（一五六八）、伊賀の土豪の中からも信長に通じるものが出たので、「甲賀郡中惣」や「伊賀惣国一揆」は、こうした信長の分裂策に対抗し、内部の団結を固めていったと言う。

近江の守護・六角氏を頼り、信長と戦い崩壊した甲賀武士団。それに比べ伊賀武士団の自立のための抵抗闘争は数百年と、信長が安土城を構えたのちまで続いた。天正九年（一五八一）九月、信長は自ら指揮して最終的な伊賀攻めを始めた。徹底した全滅作戦で、「後期天正伊賀の乱」と呼ばれる。伊賀武士団の最後の抵抗はこの時二週間で終わるが、伊賀全土は焼く尽くされ、民ばかりでなく神社仏閣、文化財が消滅して伊賀国は消滅し、多くの忍者が諸国に散らばった。

「神君甲賀・伊賀越え」に協力した伊賀忍者たちは、わずか十日ばかりのち、服部半蔵筆頭伊賀二百人組が家康に仕えた。のち甲賀百人組もできるが、慶長五年（一六〇〇）で、十八年遅い。

服部半蔵配下の与力三十騎、同心二百人の伊賀組が江戸城の警備にあたるのは天正八年（一五八〇）。家康が江戸城に入った年だった。甲賀の忍者たちが、江戸城に入るのは寛永十一年（一六三四）。五十四年も後のことだ。

江戸城で伊賀組が明け屋敷番、小普譜方など建物の管理や普請場の巡視、さらには、大奥の使い走りまでするようになる。誇り高い甲賀組とはまるで違う。また地元伊賀では、「無足人」と言い、知行のない家臣として帯刀を許され、農民一揆の情報をさぐったり、藩の警察的な役割をした。江戸でのお庭番、隠密並みの任務を担ったので、一般農民は離反していったと言う。

第四章　甲賀忍者（忍術編）

『萬川集海』『忍秘伝』

――甲賀衆の忍びの闇や夜半の秋　蕪村――

江戸時代に作られた与謝野蕪村の句で、句碑が甲賀市矢川神社にある。忍者最盛期の戦国時代を経て徳川の世になると、『萬川集海』や『忍秘伝』などの忍術伝書が作られた。『忍びの里と甲賀武士』『忍者の生活』『新装版忍術』等から忍器と忍術についてこれらの秘伝書に見てみる。

『萬川集海』は体系整然

籐林保義篇『萬川集海』は、整然とした体系で、合理的で科学的。また、「正心」を第一とする倫理的な側面も兼ね備えている。

構成は序から始まり、凡例、忍問答（問答体の総括）、正心（忍びの倫理）、将知（指揮者の心得）。これに（一）忍徳（忍びの価値）、（二）期約（戒律）、（三）不入小謀之事（敵の謀略、間謀撃退法）、（四）陽忍（謀略）、（五）陰忍（潜入、奇襲）、（六）天文地文と続き、「孫子は軍術の中で火攻めを下策といった」と記して、（七）忍器（登器、水器、開器、火器、諸薬）となっている。

忍者と火の関係は一番深いので、まず火器を取り上げる。

天文十二年（一五四三）、鉄砲と共に西洋の火薬が日本に上陸。忍者たちは、いち早くこれを火術に取り入れ、同十五年（一五四六）には、油日村（現甲賀町）で火薬製造したという記録があり、同町の大原家には火薬の製造法を書いた秘伝の巻物が今も伝わる。

ノロシ――流星

火薬の利用によって、闇夜でも使える「流星」（花火の起源）が発明され、ノロシ（狼煙）術が進歩した。ノロシは信号だから、そのあげ方もいろいろ。原料やたき方で区別され、暗号に従ってあげる。天候にも左右されるから忍者はみなノロシ術の専門家だ。

「流星」は坂田郡米原町（現米原市）枝折地区一帯に伝承され、県の選択無形民俗文化財になっている。学校の落成などに打ち上げられると数本の日傘が開くと言う。

使い始めは石田三成。関ケ原の合戦で合戦の模様を佐和山の居城に伝えたようだ。五メートルほどの矢竹の先に「コツポケ」という火薬筒をつけ、後ろに「風きり」という矢羽根をつけて発射台から打ち上げる。今で言うロケットの原型だ。二百〜三百メートルの高さまで上がる。忍者が伝えたと言われている。火薬には主に硝石、硫黄、麻灰を用いる。

忍者の奇襲戦法は、物見という敵陣の科学的な調査に基づいて必要な道具をそろえ実行するというもの。その道具を代表するのが火器である。火薬を取り入れ、ノロシ術を発展させただけでなく、煙玉、光り玉、音玉、地雷などが工夫された。さらに百雷退術という爆薬を使う隠とんの術も編み出された。

火器は、忍器の中でも種類が最も多く破壊用九十一種類、ノロシ用十三種、たいまつ用百六種、その他三種と『萬川集海』は書いている。

火つけ――焼き打ちの種火

忍者は、火を絶やさずに持ち歩いた。火は懐中電灯にも、保温の懐炉にもなる。必要な時に火をつけ、焼き打ちの種火にするのだ。「胴の火」、「付け竹」と呼ばれるのがそれにあたる。製法はまず麻布を細かく切って、なべ炭の入ったのりで固め、竹筒に入れるのが一般的。水にぬれてもしけらないよう油や薬品に浸したり、火つきのよいよう和紙を使ったり、消えずに長持ちするよう硫黄を入れるなどの工夫もしてある。簡単な火器では、戦後、マッチ代わりに使った「付け木」が挙げられる。薄い板に硫黄をつけたものだったが、忍者はこれを一時的なたいまつにした。

忍器――農具改良してクナイ（苦無）

忍術に使う道具を忍器と言い、『萬川集海』では最後に登場させる。しかし忍術の実際の姿を掘り起こすカギは、実は忍器にあるのだ。忍器研究で忍術をより科学的にできるし、当時の人たちの生活の知恵と技術がわかるのだ。見ると、火器に次いで杣（そま）人と言われた木こりや大工の使った道具類が多い。

野洲川上流の杣川周辺は古代からの中世にかけ、有名な社寺建築の木材供給地だった。奈良の東大寺、興福寺、比叡山の延暦寺、石山寺……みんなここから建築材が切り出された。杣川の周辺は、杣の庄と呼ばれ、二十一家のうち杣五家の根拠地だ。中世には奈良大工がここへ移住し、近世には甲賀大工「杣組」がここで幕府のご用をつとめた。

忍器が杣人たちの道具を改良して作られただけでない。忍者は、杣人たちの綱の使い方、建築技術や測量、図面の作り方の技術を学び、城館造成などに役立てた。『忍秘伝』『萬川集海』にこその改良道具を見てみよう。

●シコロ……小型ノコギリ、小坪キリ、クギ抜きなどは持ち歩きに便利なように改良され、家庭でも日常的に使える大工道具

●カスガイ……大小のカスガイはそのまま戸を閉じるのに使用。石垣、柱を登る時の足場にもなる。また、目盛りをつけた糸を矢につけて放ち、川幅測定、舟型鉄片に磁気をつけ、水に浮かべて方角を調べる磁石などさまざまに工夫された道具として使用。

●クナイ（苦無）……農具を改良した火を持つための道具。さやは皮、柄は、握りやすくなっている。小クナイは長さ四十五センチ前後、大クナイは、そのひと回り大きい。両そぎの鉄の棒で、スコップ代用品として土掘りに使ったり、石垣のすき間に打ち込んでよじ登るのに使った。火打ち石にあて発火させたという説もある。

●カマ（鎌）……長さは約二十センチ、刃は裏表なく両刃で、『萬川集海』には柄をチョウツガイにして取りはずし可能とある。忍び込む際、障害物を除く道具。柄の木は赤カシかナラ。懐中に入れて持ち歩いたり、時には真っすぐ伸ばして短刀代わりにもしたとも言われている。

●大シコロ……両刃ノコギリ。家、土蔵、堀、門などの壁を切り破る道具。小屋などを作る大工道具にもなった。刃は一度に切れるよう極上の鉄を鍛えて強くしてある。これの小さいものが小シコロ。

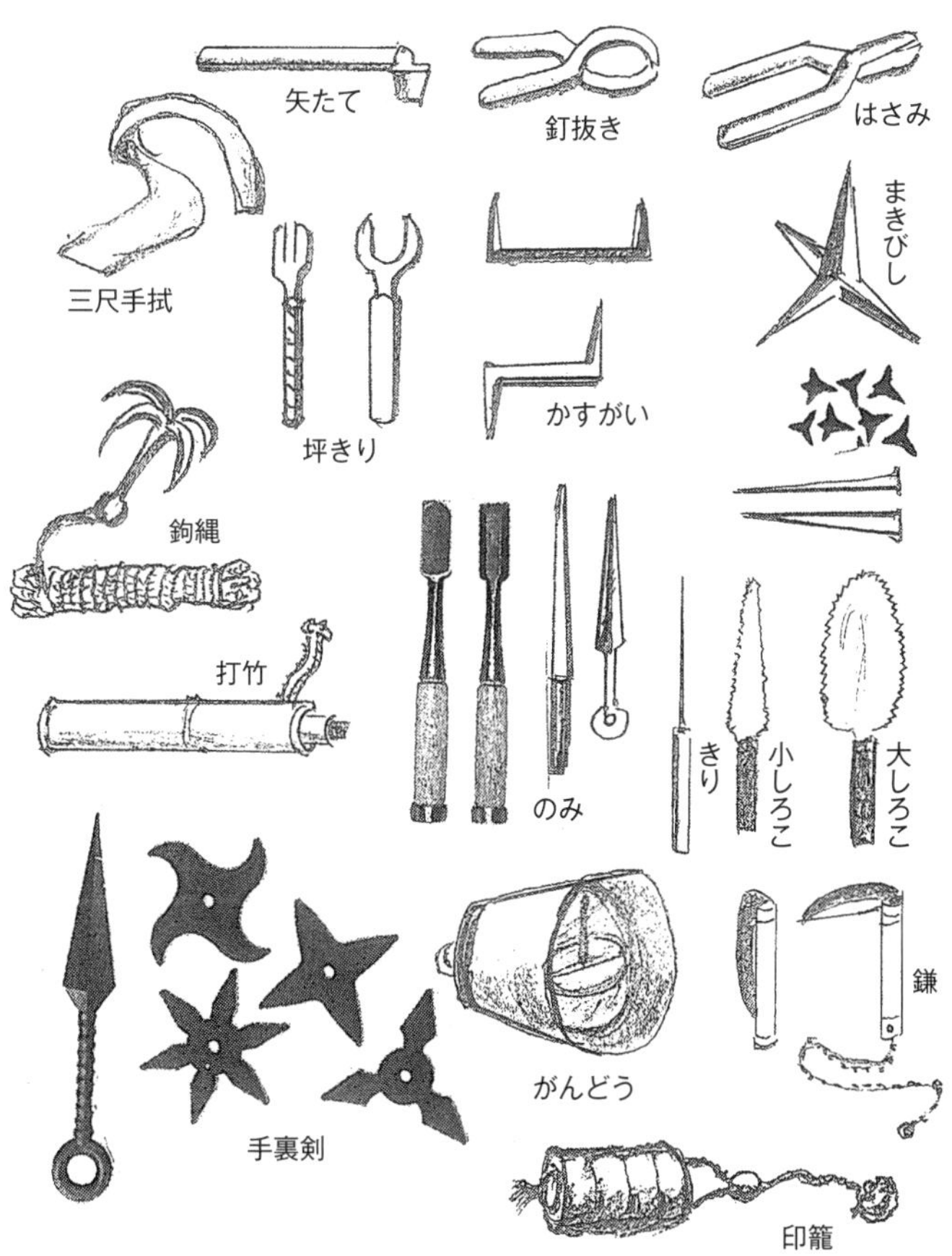
矢たて
釘抜き
はさみ
三尺手拭
まきびし
坪きり
かすがい
鉤縄
打竹
のみ
きり
小しろこ
大しろこ
鎌
がんどう
手裏剣
印籠

忍具の一例（著者作）

• 吹き矢……元来大工道具以前に狩猟用だが、忍者は敵の目を射つぶす奇襲武器として、通信連絡の手段の道具として、また照明など多用に使った。筒に細工したものや、尺八、横笛などを使う。毒を細工した矢の風受けから毒液が流れ出て、敵の血管や神経を麻痺させたらしい。

• まきビシ……自然界のヒシ実をヒントに、鉄か竹製で忍具ではよく知られた障害具。家中に忍び入った後、退く時に床にまく。必ず爪が上をむくから追跡者の足裏にささり、追えなくなる。爪の長さは約五センチ。

水グモ使い川面歩く——折りたたみ式の箱船も

中世、杣川や野洲川の水運は筏(いかだ)だった。前述の通り有名社寺・宮殿建築資材として、毎日大量の木材が琵琶湖へ向けて流された。筏を操ったのは甲賀の杣人(そま)たち。どの人も筏操縦の技術は高かったろう。舟運も開けていたに違いない。杣川、野洲川の流水量も、今をはるかに上回ったのだろう。川底さらえなど筏流しの水運維持のために多大な労力が費やされたのであろう。

野洲川の水運技術には、巧みに忍術に使われたに違いない。『萬川集海』忍器編水器項に

「——水器は、水を渡る道具である。急場で水器のないときは、竹、木、シノ、アシ、スス

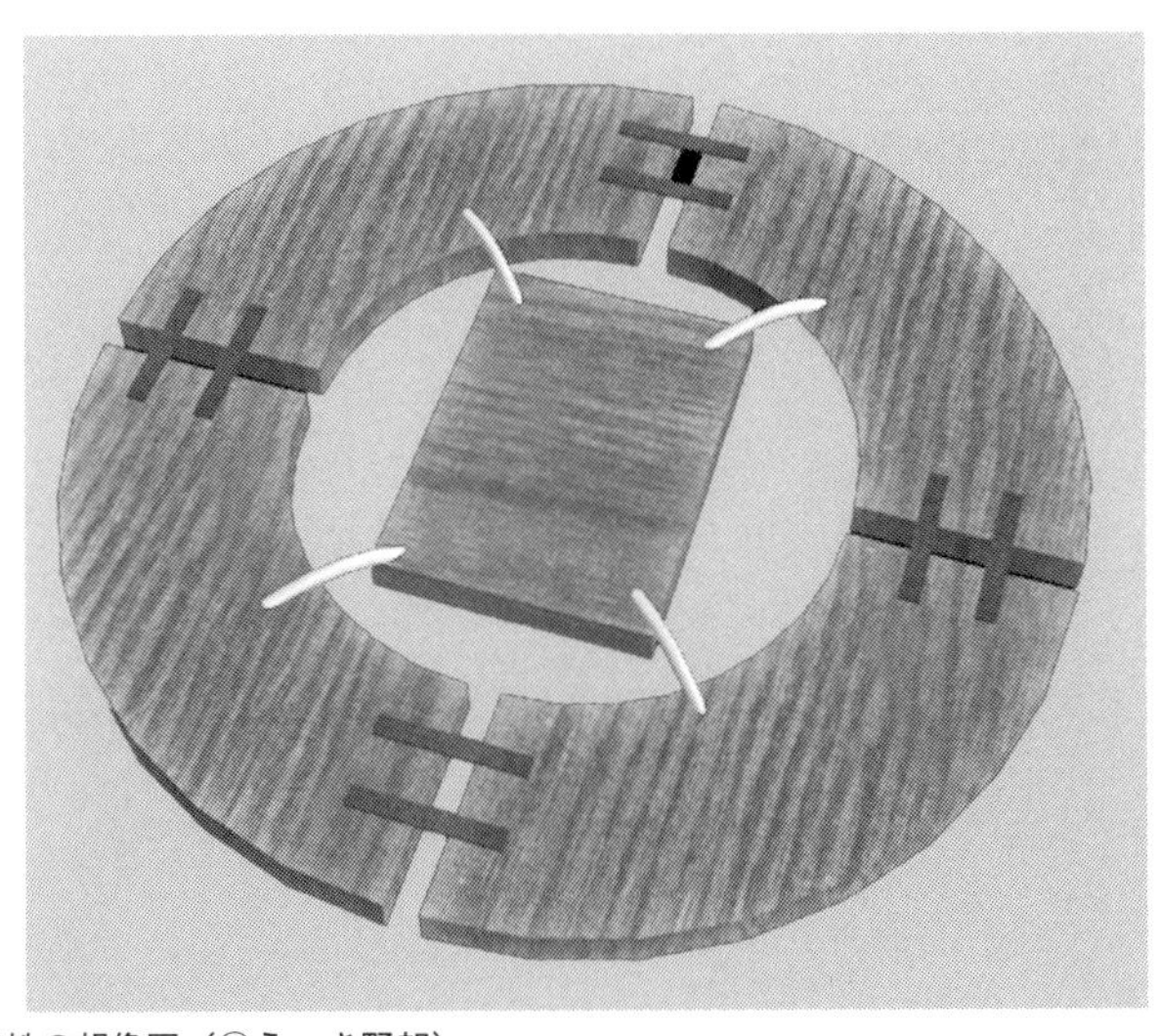

水蜘蛛の想像図（©うぃき野郎）

キ、おけ、かめ、きね、うすなど何でもあり合わせの物を筏として渡るべきである。昔から大軍が家屋を壊して筏を組み、川を渡った例は多い。当流の水グモ、はさみ箱船などは、川や堀を渡るのに最上の道具で、少しも危険ではない。大軍を渡すためのものではないが、秘密にすべきである。――」

とある。

水器としてはつぎのようなものがある。

・浮き橋……城堀・要塞の川などに急に橋をかけて渡る時に使う。まず縄はしごを作り、水上に浮かせ前後を縄で木などに結びつけ、階段状の横木は、竹を縄に結びつける。

・沈み橋……水中に麻縄を張って歩く。

・ガマ筏……ガマを束にしたものに横木を差

し込んで作る。

- かめ筏・つづら筏……かめやつづらを数個浮かせて筏に組む。
- 水グモ……四つに折りたためるドーナツ型の木の浮き。
- 水かき……片歯の下駄。鼻緒をつけて履くが、裏に仕掛けがある。裏の片歯は、チョウツガイでついており、水をかく時は真下へ向き、前へ進む時は後ろへ折れる。筏にまたがり、これで水をかいて渡河するとも。
- 鵜……潜水呼吸法の器具。長さ六十センチ余のふしを抜いた竹の筒で、一方の端に口覆いがついている。水に潜って筒の先を水上に出し、口覆いに口をあてて呼吸する。
- がんじき……水中で使う下駄の一種。
- はさみ箱舟……持ち運びが簡単にできるよう、ちょうつがいと板をたくさん使った。長さ約四メートル、幅約六十センチ、高さ約三十五センチ。
- 潜水艇……水面上に龍が顔を出す潜水艇の絵図面がある。設計段階までのもので、実際面では、水中防具の水中カブト、水中スイリ、水中聴音器として使われていたらしい。

忍び刀と手裏剣——必需品には六つの道具

忍びの常識とは何か。「忍器篇」にはつぎのように記されている。

「——忍器というものは、かすみ網のようなもの。網の目は無数にあるけれども鳥のかかる所は、一つか二つ目に過ぎない。（中略）敵の様子をよく推理し工夫し、時と場所にふさわしい忍器だけを持っていく。ただひとつの忍器を、いろいろに役立てる者をよい忍者という。

——」

日常の忍器を代表するものとて忍び刀と手裏剣がある。これを忍者は巧みに使った。

●忍び刀……人目につかない地味な外装のわき差し。つばを大きく作り踏み台にする。刀身は、刃渡り四十～五十センチの短い丈夫なものがよい。刀柄は水にぬれてもいたまないよう漆がけなど工夫する。さやには金属製のこい口、くり型、胴輪、こじりをつける。こじりは水中に潜むときに、一端を口にあて他の端をわずかに水面上に出し、呼吸するため簡単に取りはずせるものにする。また物音や遠い話し声を聞くための聴き筒にも流用する。

●手裏剣……鍛鉄製で、先端を焼き入れして投げる小武器。焼き入れする前に燃やして絹布でぬぐい黒くしておく。形は、棒状と平板型の二つ。数本ずつ組み合わせるから棒状は筆形、六角形、八角形、ひし形。平板型は十字、星形、六方、八方、卍形などになる。またトリカブトなど神経系統をおかす劇毒を手裏剣の先に塗り、暗殺に使うこともあったと言う。十四〜十五メートルの距離まで投げられる。音がせず、目立たない上に、小武器のため避けにくいのが利点。毒薬がない時は、泥土や馬ふんを塗って投げ、敵を傷口から破傷風に誘った。また火縄や炎硝をつけて投げ、照明や放火にも用いた。手裏剣は革袋にしまって持ち歩く。つぎに、忍者が出かける時の必需品として「六つ道具」がある。編みがさ、かぎ縄、石筆、薬、三尺手ぬぐい、付け竹など。使い方はつぎの通りだ。

● 編みがさ……顔を隠すためのもので、日よけ、雨傘の代わりとして使う。小道具入れにも。

● かぎ縄……丈夫な縄先に鉄かぎをつけ、石垣・塀登攀用だけでなく、武器にもなる道具。

● 石筆……忍歌（忍びの心得の歌）にも、

——墨筆は万事の用にたつぞかし、忍びに行かば矢立て離す——

とある。石筆は雨の時も使えるし、目印やふちょうによる連絡にも役立つ。矢立てに入れて持ち歩く。

● 三尺てぬぐい……汚水をこし、毒を消して、飲み水にする道具。水にぬらして塀にかけて登ったり、巻尺代わりにして寸法を測ることもあったと言う。蘇芳（すおう）（＝染料植物）で染めたものを使った。

●付け竹……火の保存器で前述した。

あと一つ、四番目の薬については後述する。

「七法出」と呼ぶ変装術

「七法出（しちほうで）」と呼ぶつぎの七つの変装術があった。その場に応じてふさわしい格好を使い分けた。

●商人……品物を売りながら情報とる。キセルと刃物を身に着ける。
●ほうか師……現在の手品師のことで、敵中に入り油断をさせて情報をとる。
●虚無僧……編みがさで顔を隠すのが目的。武器は尺八。
●出家……お坊さんのことで、托鉢しながら情報をとる。
●山伏……案外、人にあやしまれない。金ごう杖は護身用。
●猿楽師……能役者。大名に招かれて城内を探った。
●常型……普段の服装。表と裏の色違いの着物を着る。

反逆の家臣探し接近――その「うらみ」話させる

こんな忍歌（忍びの心得の歌）がある。

――忍びには　三つの習いの　あるぞかし　不敵と論と　また知略と――

忍の字は、刃の下に心と書く。絶えず生命の危険と隣り合わせであるという意味。だから度胸と理論と知略が必要なのだ。忍者は、難関を突破するのに具体的にどうしたか。

『萬川集海』『忍秘伝』にその心得等がつぎのように記されている。

「――他国の秘密や情報を探りに行く際に心得ねばならないことは、準備の段階でその国の方言や風習をよく知り、その国の人のように見せかけること。服装、前頭部のそり方、髪の結いよう、刀やわき差しの好みまでみな異なるので、よく見覚え、聞きなれて真似し、その国の人とそっくりになるよう努める。武士と交際して、情報を聞き出すには、礼儀正しく、わずかな話をするにもその家の武芸のこと、その国の時事を語りあうことによって情報を知ることが出来る。

領主の様子を窺うには、家老など重職に頼るのが早道だが、まず郡代、代官、町奉行、目付、それに医者、学僧など領主の身辺に近づく人を選ぶ。またかつて領主の信任を得ながら現在は不遇になっている家臣、以前は、領主に愛されながら、今は見限られて流浪している女。そういう人間を探して聞けば、大抵が「恨み」を持っているため隠さずにしゃべってくれる。

夜間、ひそかに他国を通過しなければならないときは、その土地の農夫に変装してクワを持ちミノをつけるのがよい。犬にほえられたら、食べ物を与えてあしらう。水の中のカエルが鳴きやんだら同じようにカエルの鳴きまねをする。虫の声にも注意。オオカミや山犬に出会っても逃げてはいけない。火縄に火をつけ、二つ三つに切って持つと寄りつかない。前から人が来たら、隠れるものがないときは、かさを着て田の中にじっと立っている。カカシと間違えられ、無事なことがある。また、いろいろな動物を装う手もある。軒や棟を伝うときはネコ、庭の木に登るにはサルの皮を着ることもある。また犬、タヌキ、キツネの形も借りる。――」

敵の情報源にくノ一を

- くノ一の術……くノ一の三字を一文字にして「女」、女性のことを言う。田力（たぢから）、つまり「男」では入り難いと思われる敵の情報源に、女性を奥深く仕えさせる。
- 隠れミノの術……くノ一とよく打ち合わせて行う。まず潜入している女性が、奥方に「宿へ預けてある木ビツを取りよせたい」と許可を求める。許されると、女は諸門の番人に連絡しておき、木ビツを外から運び入れさせる。その時忍者が木ビツに入って城内へ忍び入る。木ビツは二重底にし、上には衣を入れて忍者はその下に隠れているのだ。
- 柱男の術……敵の反逆者と思われるものに奉公し、そこから情報をとる。

- 仮女仮子の術……敵の妻子を連れだし人質にする。
- 里人の術……敵国の従者に化けて城内に入り、放火する。
- 身虫の術……敵方の者を味方の忍者にすりかえる。
- 弛(ち)弓の術—捕えられたとき、表面は敵の意のままになり、本心は義を守る。
- 山彦の術……主が家臣の忍者を罰し、他国へ追放したと見せかけ、実は間諜を働かせる。

覚せい剤に近江茶——水渇丸や飢渇丸携えて

前述したように飯道山麓と周辺の村々を本拠とする里山伏たちが、信者を訪れた際、お札と薬を配ったのが、甲賀売薬の起源とされている。甲賀忍者は、この知恵と技術を薬や携帯食糧に生かしている。

——忍びには　道具さまざま　多くとも　まず食物は　腰を離すな——

と詠んだ忍歌もあるほどである。

- 水渇丸……梅干しの肉、氷砂糖、麦門冬（麦芽糖？）の三つを粉にして丸薬にしたもの。「用水に渇したる時の妙薬なり」とある【『萬川集海』】。
- 飢渇丸……ニンジン、そば粉、小麦粉、山芋、耳草（ハコベの一種）、はと麦、もち米を三年間酒につける。酒が全部乾いた時に、これでモモの種ほどの丸薬を作る。一日に「三粒服すれば心力労することなし」と書いている【『萬川集海』】。

●仙方妙薬……中国の伝書からの紹介だが、黒大豆五升と麻の実三升を粉にして団子にする。これをくん製にしてまた粉にする。煎じて飲むと「一度用ル時ハ七日一切給ゼズトモ苦ニナラズ」と【『忍秘伝』】。

このほか、前述の「まきビシ」のヒシの実も、戸を開ける時に使う油も、非常の時には食糧になる。「甲賀三郎」の伝承のところで出たシカの焼き皮などの携帯食糧も、狩人だった忍者の発想だろう。

忍者には、体力維持はもとより、夜の仕事をするための不眠薬、つまり覚せい剤が必需品だ。

●明服膏（めいふくこう）、醒心散（せいしんさん）……製法ははっきりしない。修験行者が修業の際、覚せい剤として盛んに茶を使っていたので、忍者も茶を利用することが多かったのではないかと思う。

「坂は照る照る鈴鹿は曇る」と言うように、鈴鹿山系のふもと一帯は有名な近江茶の産地で、土山茶、朝宮茶はその歴史も古く有名だ。忍者が夜の仕事で飲む覚せい剤は、このお茶だった。

また、火薬の製造法の中に粉茶をまぜることが書かれている。

●アホウ薬……麻薬の一種で麻の葉と薄茶を用いるとある。

●薬二匁……水鉄砲という武器に用いられ、「筒ニ、薬二匁ヲ込メ、ソノ上へヒキ茶二匁ヲヨクツキ込メ、ソノ上ニ水ヲ一合入レ、打チカクレバ人、気ヲ失ウナリ」とある。人が気を失うほどだから薬二匁は、動植物からとった毒劇物ではないか。ガマの分泌物に含まれる麻酔成分であるガマインかネズミのふんとの説もある。

毒虫・毒蛇・毒グモ使う

『大原勝井文書』『山中文書』の惣掟書に、「毒飼い」を禁止する条項があるので、忍者はおそらく毒虫や毒蛇、毒グモを飼っていたのだろう。

「柏木三方惣起申し合わせ条々」にも「毒害等取扱う仁体（人）」の成敗について申し定めた規定がある。いわば甲賀郡共通の禁止項目。それを禁止しなければ、良民に害が及んだのだろうか。

忍者は、猛毒のサソリやマムシをそのまま毒殺に使っていたことだろうし、忍薬の原料にも毒草と共にムカデや毒グモを使ったと考えられる。毒を制して薬にすると言われる。今でもムカデを油づけにしてすりつぶし、やけどや切り傷の薬にしている家があると言う。毒飼いは、一方で救急薬としての気つけ薬や痛み止め、解毒剤に役立てたのだろう。

忍者装束──野良着・防弾着にもなった上衣

『忍者の生活』には「黒が正規の装束、帯は幅広く事に際していろいろに用いる、足袋底に真綿を厚く入れ足音を消すと共に怪我をさける、すほう色の三尺手拭は色が毒を消すといわれ悪水をこして飲むに使う」と紹介されている。

甲賀流忍術屋敷ホームページを抜粋して要約すると、

「──忍者は普段家にいる時には一般の武士と同じ服装、敵の状態を探りに忍びに出かけていく時は、黒装束。できるだけ目立たない服装の方が良いと考えられ、表が茶染・柿染などの茶系統の色で、裏が黒かネズミ色の着物を着用。上着の内側には物入れが作られていて、そこにはシコロ（小さな両刃の鋸）や三尺手拭などの細長い物を入れ、胸のところには銅製の鏡や渋紙・油紙・和紙などを入れ、防弾の役割もさせた。身に付けているものは全てが敵の攻撃からの防御兼攻撃の道具になるように、さまざまな工夫がなされていた。衣装一つを見ても合理性を追求した忍者の知恵が感じられる。──」

とある。

伊賀流忍者博物館ホームページでは

「──忍装束は、身軽で目立たないもの。よく映画などでは黒の忍装束が見られるが、実は真っ黒ではなかった。黒の忍装束では、月明かりで輪郭が浮き出てしまうので、クレ染めの「濃紺」が主流。この紺染めには、ジーンズの染色がガラガラヘビ除けだったのと同じように、まむし除けの機能も果たした。（要約）――」

とクレ染めが紹介されている。

甲賀の農民はクレ染めの野良着を着ていた。クレ染めとは、藍染めされた布の上に、クレで染める染色法である。クレとは、水田近くや山中の谷筋に湧き出ている鉄分を含み赤茶色の少し油分を含んだ独特の臭みのある液体である。このクレで布を染めると、防虫・マムシ避けに効果があったので、アメリカの開拓農民は、クレ染めのインディゴ・ブルーのジーンズを着て、ガラガラヘビを避けたそうだ。

忍びの正装は、独特の黒装束

忍者は、「七方出」と言っていろいろ変装するが、テレビなどによく出てくる黒装束が正装だ。基本的には、甲賀地方の農民の野良着を実戦的に改良したと考えてよい。条件は、（一）自由に動き回ることの出来る軽装であること。（二）さまざまな忍具を身に着けられる仕立てであること。（三）夜の行動に目立たない色の布を使うこと、などだ。

実際は、黒装束でなく茶染め、カキ染めなど茶系統の布を使うことが多かった。

●下着……下帯、たずなと言う。一般の農民がしていた越中ふんどし並みのさらし布の両端に紐をつける。身に着ける時は、一方の紐を首に回し、後ろで結ぶ。布を胸から腹に垂らし下腹部の前後を覆い、もう一つの紐を腰部で結ぶ。長さは、一・五メートルぐらいいる。これは下には粗末なもの、上には少し上等なものを重ねて二枚身に着ける。

●上衣……半切れの胴衣のようなものを作る。長さは約一・二メートル。そでは広い筒そでにするか短いたもとをつける。内側には物入れを四つつける。襟にも物入れをつけ、「シコロ」（小さな両刃のノコギリ）や三尺手ぬぐいなどをかくす。胸のところには、鋼製の鏡や渋紙、油紙、和紙などを入れる。これで防弾チョッキにもなる。

●袴……野良袴を改良したもので、裾を狭くし、左右を別々に作る。腰のところで深く重ね合わせられるように縫いつける。前に深く体をかがめてもよいように後ろの部分をゆったり作る。前の紐をほどくと左右に開き、着たまま用が足せる。腰のところには厚く綿を入れた物入れをつけ、ここにも必要な道具をかくす。

●胴締め（帯）……端のない綿状のものにする。どこをつかんでもそこが端になり、急な時や暗やみでも、すぐ締められる。鎖を縫い込んで切られないようにする方法もとった。

●手甲（てっこう）……こはぜで止める。外側には棒手裏剣やクナイなど鉄棒状のものを入れるようにしておく。これで急な時、刀の刃先が受け止められる。

●頭巾……幅約二十五センチ、長さ約二メートル。頭にかけ、あごの下で交差させて後ろに回し、さらに交差させて前に持ってきて顔を包み、後ろで結ぶ。負傷者が出た時の背負い帯などにも利用する。

●足袋（たび）……裏に厚く真綿を入れ、足の裏を守ると共に足音も消す。わらじに針製のすべり止めがつけられるよう土踏まずを革製にした。

●脚絆（はばき）……すねの部分に手裏剣などを入れる物入れを作り、片ひざを立て、続けて投げた。

●羽織……変わり衣とも言われ、装束全体と反対色の裏地で作り、白布なら白壁などのところで裏返して着た。自分の身代わりに使うことや高所から降りる時のパラシュートにもなった。

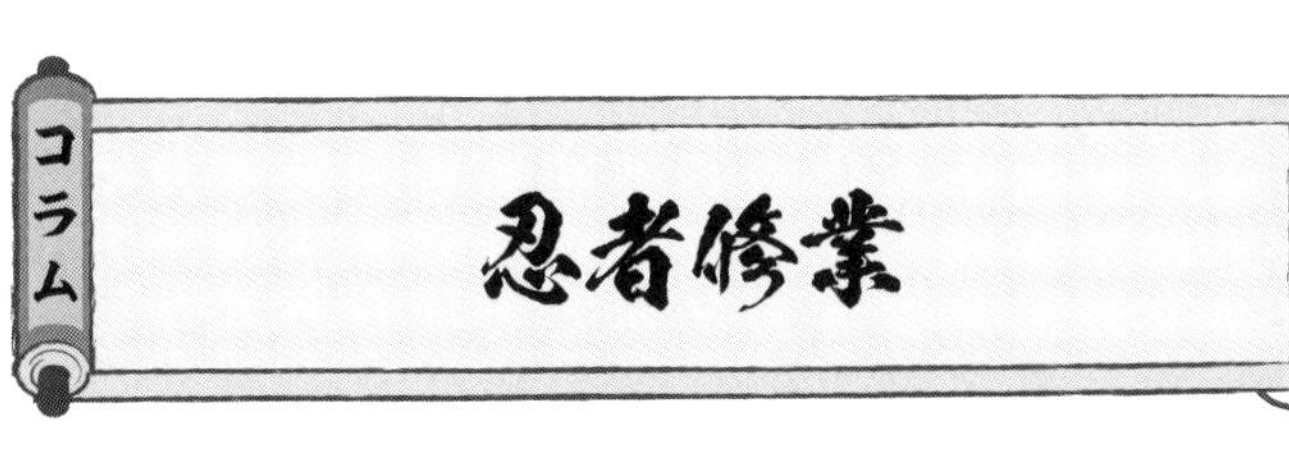

吉川英治著『宮本武蔵』に、忍者修業の一節がある。

「麻の実さ。あの鳥のえさにもやるだろう。あの麻の種さ」

「ふしぎなことを申すやつ。麻の実がどうしてそちの師か」

「おらの村にゃいないが、少し奥へ行くと、甲賀衆だの、伊賀衆だのっていう忍者のやしきが幾らもあるで——その衆たちが修業するのを見て、おらも真似して修業したんだ」

「ふウム？……麻の実でか」

「跳ぶのさ——毎日毎日、麻の芽を跳ぶのが修業だよ。あたたかくなって伸び出すと、麻ほど伸びの早いものはないだろう。それを朝に跳び、晩に跳びしていると——麻も一尺、二尺、三尺、四尺とぐんぐん伸びて行くから、怠けていたら、人間の勉強の方が負けて、しまいには跳び越えられなくなってしまう……」

柳生道場主と弟子入りした少年の問答だが、忍者が跳躍の訓練に麻の成長を利用した伝説が残っている。

事実、山村では麻を栽培していたし、葉を毒薬に使うことは『萬川集海』

にもある。甲賀地方の山村生活者にとって体の訓練は、労働のために必要だったろう。飯道山など修業の場もそろっていた。それが戦乱の時代、忍術の発達を促した。

『萬川集海』では、忍びの術のほかに剣術や居合い術を収斂する必要を説いている。敏速な身のこなしと状況に応じて忍器を使う訓練を忍術の中心としているから。隙のないときは、相手に隙を作らせる。

忍歌では、

——忍びには　身の働きは　あらずとも　眼(まなこ)のきくを　専一とせよ——

と観察力の大切さも詠んでいる。

忍歌に要点のすべて集約――気象にリアルな目光る

忍者の教養はどれほどのものだろう。それは、リアルであり、現実的だった。その生き残りをかけた厳しい世界に「夢」はない。

忍者の教養の一つに忍歌がある。『義盛百首』と言われる。鈴鹿山賊の頭領でのちに源義経の四天王の一人になったという伊勢三郎義盛が残したと伝えられる。しかしその正体は、長い間忍者の中で伝えられて来た口伝（くでん）（口伝え）を江戸時代に百首にまとめたものである。さまざまな忍術伝書に伝えられる要点が、見事にまとめられている。

――忍ビニハ習イノ道ハ多ケレド　先ズ第一ニ敵ニ近ヅケ――

――軍（いくさ）ニハ忍ビ物見ヲ遣ワシテ　敵ノ作法ヲ知リテ計ラエ――

――計リゴトモ敵ノ心ニヨルゾカシ　忍ビヲ入レテ物音ヲ聞ケ（送り仮名追加）――

どの歌も忍者の働く実戦の兵法を詠っている。しかし、

――忍ビ行ク方角悪シキ時アラバ　マズ良キ方ニカド出セヨ――

など、いわゆる縁起かつぎの歌も出てくる。

『萬川集海』巻十六と十七の「天時」、「天文」篇に中国の陰陽法や占術を取り入れている。自然科学の未発達を思わせるが、その手法に忍者らしいリアルな目が光る。

例えば、その冒頭につぎのようにはっきり言っている。

「――日時ハ天下ノ日時ナルニヨッテ、味方吉日ナレバ敵マタ良キ日也……上手(じょうず)ハ悪方ニ向イテモ勝チ、下手(へた)ハ吉方ニ向イテモ負ケル也――」

日時や方角を学ぶのは、味方を勇気づけたり、人を使う方便とある。これは現代にも通じる。また、「天文」篇「占風雨十六カ条」には気象についての判断基準が記されている。どの程度に役に立ったかわからないが、忍者の経験による知恵をいくつか見てみよう。

一、星光が揺らいで定まらず、瞬いている眼のように見える時は、三日のうちに大風がある。

一、太陽に傘ができると雨、月の傘は風が欠ける方向にあれば、風雨となる。

一、雲が魚のウロコのようなときは雨にならず、必ず風が吹く。

一、春の風は気まぐれで一日南風があれば、一日北風があり、早くに風があっても晩に向かって必ず静まる。

月の出、月の入りの時刻を知るための三カ条、潮の干満を知るための四カ条などもある。方角を知る条には、夜空に星のない時には、磁石の使い方を記している。現在も使用される知識だ。

このように『萬川集海』筆者は、忍者に教養・素養と多くを期待し、「将知」篇には「期待する忍者像十カ条」につぎのように記している。

一、忠勇謀功信の五つを持ち、身体強健な者。
一、平素は柔和で義理固く、理学を好んで道正しく、恩を忘れない者。
一、弁舌さわやかに博覧で知謀深く、平生の具合も理解が早く、また人にだまされることを真実きらう者。

こうなると、十カ条すべてを身に着けた場合、忍者と言うより完璧に近い人格だ。筆者は、さすがに十カ条を備えた忍者は稀だとしている。その半面、そのような忍者は上忍として用いるべきだとも書いている。

忍者は、ほかにも、密行の準備、変装の心得など学ぶべきことは数多い。変装一つにしても奥が深い。教養の範囲は広いのだ。

祖神に油日神社敬う――呪文は真言密教の修法

忍者は熱い信仰があった。忍びの術の一つひとつに命をかけるためだ。再び忍歌に拾おう。

――モノノフハ常ニ信心イタスベシ　天ニ背カバイカニテヨカラン――

――忍ビトテ道ニ背キシ偸（ぬす）ミセバ　神ヤ仏ノイカデ守ラン――

――偽リモ何カ苦シキ武士ハ　忠アル道ヲセント思ワバ（送り仮名追加）――

忍者は、信仰と道義に生きていた。戦国時代の末期、彦根藩が伊賀の忍者を定着させるのに伊賀から寺を移し、住職も連れてきたと言う話がある。

伊賀の国の一ノ宮は、敢国神社。服部一族の守り神と言われる。甲賀では、総社として油日神社（現甲賀町）が忍者の守り神だった。鈴鹿山脈の油日岳を神体山とする山岳信仰から生まれた。祭神は油日大神で、その名の通り火の神様だ。別に「通山大神」とも呼ばれる。「通」は「とおり」で灯の「とぼり」と考えられる。水耕文化の中の山岳信仰は、水源とのかかわりもあるだろう。また火と山岳のつながりは、焼き畑農業からでもきたのだろうか。

神仏混交の時代での、この神社の本地仏は摩利支天。風の神、隠形（おんぎょう）の神の化身と言うから忍者の守り神としては最適だ。今は神仏分離によって別に寺ができている。

神社にある盟約状などの起請文の誓詞にも「甲賀祖神油日大明神」の名が挙げられている。甲賀郡中惣は天正十四年（一五八六）、永代御神領として神社に百石を寄進した。神事の祭主も長く高野藤原氏ら五氏がつとめ、神社の宮座の組織は、地域の人々の団結の上でも重要な役割を果たしてきた。油日神社は文字通り甲賀武士団の結合と精神的支えだった。

戦国の忍者は、さまざまな科学的な知識を取り入れながらも、神仏の加護を期待した。忍術伝書には、十字の切り方や印の結び方、呪文の唱え方が克明に書かれている。

油日神社

「オン・ア・ニ・チ・マ・リ・ン・エイ・ソ・ワカ」

これは隠形の呪文の梵（ぼん）字十文字の唱え方。

『萬川集海』では、隠形術五カ条の二番目「観音隠（かんのんがくれ）の事」の条でこう言う。

「――敵の見回りに出会ったとき。騒がずに壁や垣根、植え込みなどに身を寄せ、顔はそででかくし、目だけ出す。息を鎮めて動かぬようにして隠形の呪文を唱えて立つ。背を敵に向けて立ってもよい。案外見つからず、この隠れ方で成功した例が多い――」

摩利支天が伝授の秘法

隠形の呪文は、真言密教の修法・摩利支天が伝授したと伝えられる。漢文読みにすると、

「兵、闘いに臨めば、皆、前に在るを裂る」と読めるそうだ。こうして左手をうつろに握り、その甲に右手をおく、これが結印。呪文と結印は忍者の摩利支天への加護を期待する祈りの形だ。心理学的には自己暗示によって精神統一を図り、確信を持ってつぎの行動に移る心の準備と見られる。

また刀印と言うのがある。印を結び、中指と人差し指を立て刀で切り払う動作を加える。「九字を切る」と言う護身法だが、忍術独自のものではない。望月家に伝わる『忍術応義伝』にも摩利支天を敬うべしとの文面が出てくる。

「忍ビノ本ハ正心ナリ」――めざした忍道には限界

忍者は非情で倫理がなく、主人の命令を忠実に、遂行するゲリラ、スパイの類であると流布されているようだが、『萬川集海』の正心（忍びの倫理）篇冒頭に

「――ソレ忍ビノ本ハ正心ナリ。忍ビノ末ハ陰謀佯計（偽りの計画）ナリ。イワユル仁義忠信ヲ守ルニアリ。私欲ノタメニ忍ビズ、無道ノタメ謀ラズ。陰謀ハ露見ス。――」

とある。忍術を忍道にまで高めようとした『萬川集海』編者甲賀隠士籐林保義の儒教精神を感じさせる文章だ。正心篇は、忍者の倫理綱領とも言われる。

忍者の資格——儒教精神を感じさせる

忍者とは、「いつも温和で心底には義理を正し、人にだまされず真実を守って嘘をいわず、主君の安否、国の存亡は自分一人の重責と考え、酒、欲、色を慎む人」のことである。江戸時代、戦国の一つの特殊技術者だった忍者の職業が崩れようとしていた。相手を倒すだけだった剣術も、すでに禅宗と結びついて理念化し、剣道となって諸藩に生き残った。忍術が儒教を取り入れ、忍道への道を探ったのも無理はない。

しかし、この体系づけには限界があった。ゲリラ、スパイという技能の道の宿命だろう。例えば、陽忍場に「天唾術二カ条」がある。これは、「天につばをすると自分にかかる」という教えだ。敵から味方に寝返って来た忍者は逆に敵の害になるのだから。

反間の術——逆スパイこそは効果的

『孫子』では、これを「反間の術」と言う。だから敵の忍者を丸め込んで逆スパイに使うことほど効果的なことはない、と書いているのだ。また「弛弓の術」。敵につかまった時、敵に協力するように見せかけて、あらかじめ用意した暗号で味方に様子を知らせる。弓の字は敵中にあっても心からゆるまないということを表しているのだろうか。

こうなると、忍者のどこまでが「真」で、どこからが「偽り」なのか、正心の行方が見定めがたい。「忍道」の名が現代まで残らず、ＮＩＮＪＡの語だけが、世界をかけめぐっている現状がわかるような気がする。

倫理にからむ「掟（おきて）」の分野に移ろう。

忍者がもし雇い主を裏切ったり、仲間を裏切った場合、どんな制裁があったのだろう。小説などでは、「抜け忍」と呼ばれる離脱者となり、他の仲間に追われて殺される。一部を前述した『大原勝井文書』では、「公事持ち」についての規定がある。「公事」とは訴訟のこと、だから何らかの事件で訴えられている者を言うのだろう。

その二十六条。同名中内部で訴えられた公事持ちは、同名から追放される。親類からも力を貸さないように誓印をとり、宿を貸してもいけない、としている。つまり同名中と村からの完全な追放だ。

また三十一条。よそから頼まれても公事持ちの追っ手には出ない。しかし「大犯」の者を討つことを頼んできた場合には、「大犯」の理由を聞き、もし、同名中から送りの者がついていない場合は、追っ手に出てもよい、としている。「大犯」というのは、忍者の裏切り者のことだろう。追っ手をさし向けて殺したのかもしれない。今後の研究課題だ。

忍者は、忍器や忍薬を巧みに使って忍びの仕事をする。集団から離れると当然この忍器の補給が途絶える。忍者にとっては追放だけで致命的だったろう。

忍者まとめた「郡中惣」――共和制で別組織はなし

甲賀武士団は、結束が強く組織も固かった。忍者の組織は　忍術の解説書によると、伊賀では、服部、藤林、百地の三人の上忍のもとに多くの下忍が使われた。甲賀には上忍・中忍・下忍の区別がなく、二十一家が中心となり、外枠に五十三家が付き、働いていたとされる。

上忍、中忍、下忍という呼び名は『萬川集海』の「期待される忍者像」の基準として登場するが、組織としての区別ではない。

これまでの史実では、甲賀・伊賀の上忍、中忍・下忍と言う組織構造に確かな裏付けがない。江戸時代の武士組織、伊賀二百人組や甲賀百人組から類推しての話だろう。それなら、戦国時代における甲賀武士団の組織は、どうだったか。

前述したが、土豪中心の同じ姓の血縁組織作りから始まった。甲賀五十三家の中の各「同名中惣（どうめいちゅうそう）」がそれにあたる。「同名中惣」は、惣領家（本家）と庶子家（分家）がほとんど区別なく、平等に扱われた。「同名中惣」は、ほかの「同名中惣」とも地域的な連合を作った。さらに甲賀郡の全域を連合して「甲賀郡中惣」が作られた。これが同名中惣―地域連合惣―甲賀郡中惣を結ぶ大領主のいない「甲賀共和制社会」の出現だ。この時代、世界史にもまれな平等・民主主義の組織だった。

では、これら武士団とは別に小説のような忍者だけの組織があったのか、どうか。『甲賀郡志』はこんなことを書いている。

「――甲賀衆、伊賀者を、忍術を主とする如く称するは軍談家の誇張説にてとるに足らず。しかれども天正以後、伊賀武士は専ら細作（しのびの者）を事とし、甲賀武士は主として攻戦（攻め戦う）に従えば、行動自ら差別を生じたるなり。――」

さらに続けて、

「――甲賀武士の呼称。（中略）『徳川実記』には甲賀者、『家忠日記』には甲賀の忍びの兵、『近江輿地志略』には忍者等称し、旧記類には甲賀郷士、甲賀武士、甲賀古士、甲賀士等とす。――」

要するに軍談家の忍者としての誇張は偽り。しかし甲賀者、忍びの兵、忍者などは、歴史的な呼称としてあったと言うことだ。

また『滋賀県史』（昭和三年）は甲賀武士をこう書く。

「――天険を利用して…神鬼出没の行動を示したのは…忍術遣いを似て目せられるに至った…これは江戸時代の作り事であるが…彼等の行動に物見等を得意とするような特長があった…また主従同族間の結合は、いかにも強固なものである。――」

『滋賀県史』も、大げさな忍術遣いの行動には否定的だが、同族の組織の強さについては、肯定的な論調だ。

さて、結論として甲賀の忍者と組織は歴史的にどうつながっていたのか。おそらく甲賀武士団の全員が忍者というスペシャリストではなかったのかも知れない。しかし忍者も組織だけは、「甲賀郡中惣」に統合される武士団に属していたのではなかろうか。郡中惣の下部組織、同名中惣の掟にも「盗賊を働いてはならぬ」、「毒飼いはするな」と忍者を対象としたものが目につく。

だからはっきり言って忍者独自の別組織はなかったのだ。見方はさまざまだろうが、共和制「甲賀郡中惣」と、その後身こそが代々忍者を一つに結ぶ組織だったと言えよう。やはり忍者組織とは小説の世界だけのものだ。

第五章　各地の著名な忍者

キリシタン大名高山右近——先祖は甲賀高山村の忍びか

高山右近は、キリシタン大名で知られ、忍びの血筋と言う。甲賀郡高山村（現水口町高山）が先祖の地で甲賀五十三家の一つ高山家出で宇多源氏の末裔と言われている。晩年、バテレン追放令にあい、異国で悲運の死をとげた。

父の高山飛騨守友照は摂津国高山村の土豪であり三好氏の勢力下にあったが、松永久秀が大和国に侵攻し、永禄三年（一五六〇）に沢城（宇陀郡）を落すと、友照はその城主となった。

宣教師追放の是非をめぐっての議論の中でキリスト教の教えに感化され、友照は宣教師ヴィレラを沢城に招いて嫡子の彦五郎（当時十歳、後の高山右近）をはじめとする家族と共に、永禄六年（一五六三）に洗礼を受けた。

元亀四年（一五七三）、高槻城主となり宣教師らの布教を保護したこともあり、高槻ではキリシタンが増加した。天正六年（一五七八）、荒木村重が織田信長に対して叛旗を翻すと、組下であった高山親子も高槻城に拠って信長に反抗するも、城内では信長に降伏すべきとする右近派と、徹底抗戦するべきとする友照派が対立した。結局、右近が単身城を出て降伏した。荒木村重逃亡後、抗戦した友照は捕縛され処刑されるところ、右近らの助命嘆願もあり越前国へ追放された。越前では柴田勝家から客将として扱われ、相応の金子を与えられ自由に過ごした。信長死後は右近に従って各地を転々とし、文禄四年（一五九五）に京で熱心なキリシタンとしてその生涯を閉じた。

高山飛騨守嫡男である右近は天文二十一年（一五五二）の生まれ。幼名は彦五郎、長じて高山右近太長房で知られる。号は南坊。父と共に永禄六年に洗礼を受け霊名はジュスト・ウコンドノ。甲賀の和田出身の和田惟政（これまさ）とは義兄弟で、共同戦線を張った仲でもあった。惟政が信長の幕下に入り足利義昭を京に招いて将軍職を準備中、右近は惟政のもとに走る。永禄十一年（一五六八年）に上洛。惟政は、将軍になった義昭から山城・摂津国の代官を命ぜられ、高槻の芥川城主となる。管理を右近の父・高山ダリオにまかせた。

和田惟政の死後、高槻城はその子・惟長（当時、十七歳）が城主となり、叔父和田惟増が惟長を補佐したが、惟長はこの叔父を殺害してしまう。これにより高山親子が惟長の相談役となったが、これをよく思わない和田家臣たちが、惟長に高山親子の暗殺を進言した。

元亀四年（一五七三）、惟長及び反高山派家臣と高山親子及びその家臣との間で、高槻城内に乱闘となり、右近は首を半分ほども切断するという大怪我を負ってしまう。その後、右近は奇跡的に回復し、一層キリスト教へ傾倒するようになった。一方、惟長は追放となり、輿に乗せられて家族や家臣たちと和田家の生国・近江国甲賀郡へ逃れ、そこで死亡したと言う。

この事件の後、高山父子は荒木村重の支配下に入り、右近の父友照が高槻城主となり、友照が五〇歳を過ぎると高槻城主は右近となった。

荒木村重謀叛では、当初は村重に従ったが、その後、村重からは離脱した。この右近の離脱が荒木勢の敗北の大きな要因となった（後に村重の重臣であった中川清秀も織田軍に寝返った）。この功績を認めた織田信長によって、右近は再び高槻城主としての地位を安堵された上に、摂津国芥川郡を与えられ二万石から四万石に加増された。

天正十年（一五八二）、本能寺の変で信長が没すると、明智光秀は光秀の組下であった右近と中川清秀の協力を期待するも、右近は高槻に戻ると羽柴秀吉の幕下にかけつけた。まもなく起こった山崎の戦いでは先鋒をつとめ、清秀や池田恒興と共に奮戦して光秀を敗走させ、清洲会議でその功を認められて加増された。賤ヶ岳の戦いでは、柴田勝家の甥・佐久間盛政の猛攻にあって清秀は討死し、右近はやっとのことで羽柴秀長の陣まで撤退した。その後も小牧・長久手の戦いや四国征伐などにも参戦している。

甲賀忍者の遺伝子を受け継いだのか、右近は剣の達人、千利休の高弟でもあり人徳の人として知られ、多くの大名が彼の影響を受けてキリシタンとなった。例えば牧村利貞・蒲生氏郷・黒田孝高・細川忠興の妻玉（細川ガラシャ）などがそうである。細川忠興・前田利家は洗礼を受けなかったが、右近に影響を受けてキリシタンに対して好意的であった。

天正十三年（一五八五）に播磨国明石郡に新たに領地を六万石与えられ、船上城を居城とするも、バテレン追放令が秀吉によって施行される。右近は信仰を守ることと引き換えに領地と財産をすべて捨てることを選んだ。その後しばらく小西行長に庇護されるが、天正十六年（一五八八）に前田利家に招かれて加賀国金沢に赴き、そこで一万五千石の扶持を受けて暮らした。

天正十八年（一五九〇）の小田原征伐では前田軍に属して従軍している。金沢城修築の際には、右近の先進的な畿内の築城法の知識が大きく役に立ったとも言われる。

慶長十九年（一六一四）、右近は、徳川家康によるキリシタン国外追放令を受けて、加賀を退去した。長崎から家族、内藤如安らと共にマニラに送られる船に乗り、マニラに十二月に到着した。

イエズス会報告等で有名となっていた右近はマニラでスペインの総督フアン・デ・シルバらから大歓迎を受けるも、船旅の疲れや慣れない気候のため老齢の右近はすぐに熱病を得て、翌年の一月六日に息を引き取った。享年六三歳であった。マニラ到着からわずか四〇日のことだった。

高山右近没後四百年の平成二七年（二〇一五）、日本のカトリック中央協議会は「高山右近は、地位を捨てて信仰を貫いた殉教者である」として、福者に認定するようローマ教皇庁に申請し、翌年、教皇フランシスコが認可し、平成二九年（二〇一七）、高山右近の列福式が執行された。

将軍警護二代目服部半蔵——江戸では半蔵門の名が

保長（初代半蔵）は伊賀国の土豪で、北部を領する千賀地氏の一門の長で甲賀武士二十一家庄内三家である服部家はもとの同族で鈴鹿をはさんで甲賀、伊賀と分かれるが、先祖は一つと言われる。当時の伊賀には服部氏族の「千賀地」「百地」「藤林」の上忍三家があり、狭い土地において生活が逼迫したため、保長は旧姓の服部に復して上洛。室町幕府十二代将軍・足利義晴に仕えた。その当時、松平清康が三河国を平定し将軍に謁見するべく上洛した折り、保長と面会して大いに気に入り、その縁で松平氏に仕えることになったと言う。

正成（二代目半蔵）は天文十一年（一五四二）、服部保長四男として三河国伊賀（現愛知県岡崎市伊賀町）に生まれた。父保長の跡目として服部家の家督を継ぎ徳川家康に仕えて遠江掛川城攻略、姉川の戦い、三方ヶ原の戦いなどで戦功を重ねた。

弘治三年（一五五七）、三河宇土城（上ノ郷城）を夜襲し戦功を立た際、家康から盃と持槍を拝領したと言う。元亀三年（一五七二）、三方ヶ原の戦いでは徳川軍は大敗したが、正成は武功を立てたため、家康から褒美として槍を贈られ、伊賀衆百五十人を預けられる。

天正七年（一五七九）、家康の嫡男信康が織田信長に疑われて遠江国二俣城で自刃に追いやられた時検使につかわされ介錯を命ぜられたが「三代相恩の主に刃は向けられない」と言って落涙して介錯をすることができず、家康は「さすがの鬼も主君の子は斬れぬか」と正成をより一層評価したと言う【『三河物語』】。

天正十年（一五八二）六月、信長の招きで家康が少数の供のみを連れて上方を旅行中に本能寺の変が起こるが、この時堺に滞在していた家康一行が甲賀・伊賀を通って伊勢から三河に帰還した、いわゆる「伊賀越え」に際し、先祖の出自が伊賀である正成は商人・茶屋四郎次郎清延と共に伊賀、甲賀の地元の土豪と交渉し、彼らに警護させることで一行を安全に通行させ、伊勢から船で三河の岡崎まで護衛した。同地で味方となった彼らは後に伊賀同心、甲賀同心として徳川幕府に仕えている。

本能寺の変により甲斐・信濃の武田遺領を巡る天正壬午の乱が発生するが、同年八月に正成は家康に従い甲斐へ出陣した際、正成は伊賀衆を率いて甲府市上曽根町の勝山城や甲府市右左口町の右左口砦・金刀比羅山砦に配置され、甲斐・駿河を結ぶ中道往還を監視した。

小牧・長久手の戦いでは伊勢松ヶ島城の加勢で伊賀甲賀者百人を指揮し、鉄砲で豊臣方を撃退している【成島の『改正三河後風土記』】。

天正十八年（一五九〇）の小田原征伐に従軍し、小田原の陣の功により遠江に知行を与えられ、家康の関東入国後は与力三十騎および伊賀同心二百人を付属され八千石を領し、慶長元年（一五九六）に没した。自身は武将であったが、父親である保長が伊賀出身で忍びの出であった縁から徳川家に召し抱えられた伊賀忍者を統率する立場になったと言う。その後、伊賀同心二百名支配の役と鉄砲奉行をつとめた。服部半蔵の名は嫡男の正就（三代目半蔵）が継いだ。

正成の屋敷は東武尾御門の内にあったため、この門は後に半蔵御門と呼ばれるようになったと言う。半蔵門から始まる甲州街道は甲府へと続き、服部家の家臣の屋敷は甲州街道沿いにあった。

江戸時代の甲府藩は親藩や譜代が治め、甲州街道は江戸城に直結する唯一の街道で、将軍家に非常事態が起こった場合には江戸を脱出するための要路になっていたと言われる。その当時、伊賀組は江戸城内（大奥、中奥、表等）を警護し、甲賀組は江戸城外の門を警護していたと言う。

服部正就の改易後、伊賀同心の支配の役目を解かれ岳父である松平定勝の元で蟄居となった。後に大坂の陣で行方不明となり、高野山で葬儀のみ行われた。

三代目半蔵正就の弟正重が兄の後を継いで四代目服部半蔵を襲名する。徳川秀忠の小姓や家康の近侍をつとめ、大久保長安の娘婿となり佐渡金山同心をつとめた。その後、改易となり村上義明に預かられ、のちに許されて堀直寄に仕えた。これ以降、江戸での服部半蔵の名は消えるが、桑名の松平定綱に年寄の身分で召し抱えられ、二千石を得る。これにより桑名藩の家老として服部半蔵家は存続した（大服部家）。

盗賊石川五右衛門――三条河原で釜ゆでの刑

文禄三年（一五九四）八月二四日、市中を引き回されて京都三条河原で子と共に釜茹でにされて殺された安土桃山時代の盗賊首長であった石川五右衛門は、その実在が疑問視されてきた。

史料に残された彼の記録は、いずれもつぎのように処刑にかかわるものである。

• 油で煮られたのはイシカワゴエモンとその家族九人ないしは十人であった。彼らは兵士のようななりをしていて十人か二〇人の者が磔になった」【『日本王国記』】

•「盗人、スリ十人、又一人は釜にて煎らる。同類十九人は磔。三条橋間の川原にて成敗なり」【『言経卿記』】

•「文禄のころに石川五右衛門という盗賊が強盗、追剥、悪逆非道を働いたので秀吉の命によ

って（京都所司代の）前田玄以に捕らえられ、母親と同類二〇人とともに釜煎りにされた」【『豊臣秀吉譜』】

- 「頃年、有二石川五右衛門者一、或穿窬或強盗不レ止矣、秀吉令二京尹前田玄以遍捜一レ之、遂捕二石川一、且縛二其母竝同類二十人許一烹二殺之三条河原一」【『続本朝通鑑』】
- 「所司代法印前田玄以、捕二賊石川五右衛門竝其母及其党二十一烹二殺于三条河原一」【『歴朝要紀』】
- 「石川五右衛門という大盗人、伏見野のかたはらに大きな屋敷をかまへ、屋形を作り、国主、大名をまねて昼は乗り物にのり、やり、なぎなた、弓、鉄砲をかつがせ海道を行き回り、夜は京伏見へ乱入、ぬすみをして諸人をなやます。此事ついにあらはれ、五右衛門は京三条河原にてかまにていられたり。」【『見聞集』】

さて、伝説の石川五右衛門出生素性にはつぎのように諸説がある。

- 出生地は伊賀国・遠江国（現浜松市）・河内国・丹後国などの諸説がある。
- 伊賀流忍者の抜け忍で百地三太夫の弟子。
- 遠州浜松生まれで、真田八郎と称し、河内国石川郡山内古底という医家により石川五右衛門と改めた。

- 丹後国の伊久知城を本拠とした豪族石川氏の出である。石川氏は丹後の守護大名一色氏の家老職をつとめていたが、天正十年、一色義定の代の頃、石川左衛門尉秀門は豊臣秀吉の命を受けた細川藤孝の手によって謀殺され、伊久知城も落城した。落城の際、秀門二男の五良右衛門が落ち延び、後に石川五右衛門となったとする。この故に豊臣家（秀吉）を敵視していたと伝わる。伊久知城近辺には五良右衛門の姉の子孫が代々伝わっているとされる。
- 三好氏の臣石川明石の子で、体幹長大、三十人力を有し十六歳で主家の宝蔵を破り、番人三人を斬り黄金造りの太刀を奪い、逃れて諸国を放浪し盗みをはたらいた。
- 幼名は五郎吉。幼い頃から非行を繰り返し、十四歳か十五歳の頃に父母を亡くす。十九歳の頃からについては幾つかの説があり、主に「伊賀に渡り、忍者の弟子になった後、京を出て盗賊になった」や「奉公した男性の妻と駆け落ちした」などがある。
- 百地三太夫（百地丹波）について伊賀流忍術を学んだが、三太夫の妻と密通した上に妾を殺害して逃亡したとの伝承が知られている。
- その後手下や仲間を集めて、頭となり悪事を繰り返す。相手は権力者のみの義賊だったため、当時は豊臣政権が嫌われていたこともあり、庶民の英雄的存在になっていた。
- 金の鯱（名古屋城・大坂城など諸説あり）を盗もうとしたと京都市伏見区の藤森神社に石川

五右衛門寄進という手水鉢の受け台石がある。前田玄以配下に追われた五右衛門が神社に逃げ込んだ際、神社が管轄が違うと引き渡しに直ぐに応じなかったため、まんまと逃げおおせた。そのお礼として宇治塔の島の石造十三重塔（現重要文化財）の笠石を盗んで台石として寄進したものと言う。そのため、塔の島石塔の上から三番目の笠石は他のものに比べて新しいのだと言う。神社等をみる寺社奉行は三奉行の最上位で、譜代大名の中から選任され旗本から任命される町奉行や勘定奉行は、寺社奉行に手が出せなかった。

●五右衛門の隠れ家は、東山大仏（方広寺）門前にあった大仏餅屋にあったと言う。そこから鴨川河原に通じる抜け穴もあったと言う。

●秀吉の甥・豊臣秀次の家臣・木村常陸介から秀吉暗殺を依頼されるが秀吉の寝室に忍び込んだ際、千鳥の香炉が鳴いて知らせたため捕えられる。その後、捕えられた配下の一人に悪事や部下などをすべて暴かれてしまう。

●三条河原で煎り殺されたが、この「煎る」を「油で揚げる」と主張する学者もいる。母親は熱湯で煮殺されたと言う。熱湯の熱さに泣き叫びながら死んでいったと言う記録も実際に残っている。

●有名な釜茹でについてもいくつか説があり、子供と一緒に処刑されることになっていたが高温の釜の中で自分が息絶えるまで子供を持ち上げていた説と、苦しませないようにと一思いに子供を釜に沈めた説（絵師による処刑記録から考慮するとこちらが最有力）がある。またそれ以外にも、あまりの熱さに子供を下敷きにしたとも言われている。

- 処刑される前に「石川や　浜の真砂は　尽くるとも　世に盗人の　種は尽くまじ」と辞世の歌を詠んだと言う。
- 処刑された理由は、豊臣秀吉の暗殺を考えたからと言う説。

江戸時代、石川五右衛門は伝説の大泥棒として認知された。盗賊の彼が浄瑠璃や歌舞伎で人気を博した理由は、つぎのように考えられる。

- 義賊として扱われるようになったこと。
- 権力者の豊臣秀吉の命を狙うという筋書きが庶民の心を捉えた。
- 徳川政権の下では権力者の象徴として前政権の秀吉が適当だった。

有名な場面としては、歌舞伎『楼門五三桐』「南禅寺山門の場」（通称『山門』）で、煙管片手に「絶景かな、絶景かな。春の宵は値千両とは、小せえ、小せえ。この五右衛門の目からは、値万両、万々両……」と名科白（めいぜりふ）を廻し、辞世の歌と言われている「石川や　浜の真砂は　尽きるとも　世に盗人の　種は尽きまじ」を真柴久吉（豊臣秀吉がモデル）と掛け科白で廻して山門の上下で「天地の見得」を切る場面がある。この作品で五右衛門は明国高官宋蘇卿（実在の貿易家宋素卿のもじり）の遺児という設定だ。この場面の、金襴褞袍（きんらんどてら）に大百日鬘（だいひゃくにちかつら）という五右衛門の出で立ちは、現代の歌舞伎でも一般的な五右衛門像となっている。

さて、石川五右衛門は忍びの達人だったろうか。映画『忍びの者』（一九六二）では秀吉を狙う忍者だが、全く史実に乏しい。またその出身地は伊賀・甲賀との推測もあるが、信長によって一族が殲滅させられ、秀吉に土地を奪われた石川姓土豪の武士団が盗賊化したのだろうか。

健脚松尾芭蕉――幕府の隠密？

伊賀国上野（三重県上野市）の人。父は農作を業としながら正式に松尾の姓を有する家柄。若年にして伊賀上野の藤堂藩伊賀支城付の侍大将藤堂新七郎良精家に仕える。身分は料理人であったが、主君若君藤堂良忠と共に俳諧を嗜むことになった。寛文六年（一六六六）、仕官を退き、俳諧に精進する。三十歳代のはじめには江戸に出て上水道工事に携わったりするが、やがて職業的な俳諧師の道を歩む。延宝八年（一六八〇）、『桃青門弟独吟二十歌仙』を刊行すると当代における代表的選者のひとりと目されるが、同年冬に突然江戸市中から退き、深川に草庵を結んで隠逸の生活に入る。生活は、数人の気心の知れた門人・知友によって支えられたらしいが、その緊張感にみちた高雅な句風が、次第に支持層を強固にしていった。貞享元年（一六八四）以後は、『野ざらし紀行』『鹿島詣』『笈の小文』『更科紀行』『奥の細道』などにあるように種々の旅行を繰り返し、芭蕉の終焉地は、上方旅行の途中の大坂においてであった。その足跡は、陸奥平泉（岩手県平泉町）・出羽象潟（秋田県象潟町）を北端とし、播磨明石（兵庫県明石市）を西端とした。

芭蕉忍者説は、つぎのような根拠から出ている。

- 四五歳の芭蕉による『おくのほそ道』の旅程は六百里（二四〇〇キロ）にのぼり、一日十数里もの山谷跋渉もある。これは当時のこの年齢としては大変な健脚でありスピードであるので、忍者の素養を備えている。
- 十八歳の時に服部半蔵の従兄弟にあたる保田采女（藤堂采女）の一族である藤堂新七郎の息子に仕えた。
- 母の梅は百地氏であり、母の父（母方祖父）は伊賀流忍者の祖の百地丹波とされている。
- 日程も非常に異様で黒羽で十三泊、須賀川では七泊して仙台藩に入ったが、出発の際に「松島の月まづ心にかかりて」と絶賛した松島では一句も詠まずに一泊して通過している。この異様な行程は、仙台藩の内部を調べる機会をうかがっているためだとされる。

・『曾良旅日記』には、仙台藩の軍事要塞と言われる瑞巌寺、藩の商業港・石巻港を執拗に見物したことが記されている（曾良は幕府の任務を受け、そのカモフラージュとして芭蕉の旅に同行したとのうわさもある）。

・当時、幕府を脅かすほどに力を持っていた伊達藩に、幕府は日光東照宮の改修工事を命じたが、藩の経済状態を探索してから命ぜられたと言う。その探索役が芭蕉であったと言う。実際、芭蕉が伊達藩に入るまでは途中の宿場に長く滞在して句を詠んでいるが、伊達領内に入るとほとんどかけ足で通り過ぎている。そして伊達領内を過ぎるともとのペースに戻っている。芭蕉が伊達領内を出て約一ヶ月後、工事の詳細が伊達藩に明らかにされた。

流布している芭蕉忍者説をまとめるとつぎのようになる。

一、出身地が忍者の国伊賀である。

松尾芭蕉は俳諧を好む藤堂良忠に仕える。この人物は藤堂藩の城代付侍大将である藤堂新七郎良清の三男だ。この藤堂良清は保田采女（藤堂采女）の一族で、服部半蔵のイトコである。ちなみにこの人たちは上忍の家系で武士である。つまり、松尾芭蕉は忍者の国で有名な伊賀の国の出身で、先祖は忍者だが、武士となり、そして俳諧師となった。蛇足だが、幕末の黒船来航のおり、江戸幕府の老中・阿部正弘は幕府の伊賀組の者ではなく、わざわざ伊賀上野の藤堂藩の忍者・澤村甚三郎保祐を呼び寄せ、船上パーティーに日本側随員として同行させている。忍術は藤堂藩で幕末までひそかに伝えられたのかも知れない。

二、『奥の細道』の旅の移動距離が速すぎるのは、忍者の歩行術を備えていたから。

三、俳諧師は忍者の可能性がある。

連歌師たちは諸国を遍歴して歌を作るが、時の権力者から敵情を探る任務をさせられた者もあったように言われている。連歌師にかぎらず、日本各地を旅できる者、僧侶、山伏、商人、放下師、能役者などもスパイ活動をしたという記録がある。例えば室町時代の連歌師・柴屋軒宗長は今川家重臣・朝比奈氏の守護する掛川の城を綿密に探って、日記に書き残している。

伊賀、甲賀の忍術書には僧侶、山伏などに変装して諸国を探索したと言う潜入の術がある。忍術書には姿形を坊主や商人の髪型・服装にして、諸芸・物真似に熟練して臨機に応用する訓練をしたとある。忍術には「陽忍」と「陰忍」というものがあり、後者は姿を隠して潜入する、一般に知られた忍者。前者は自分の姿を堂々と見せて敵中に入ることを言う。さらに「陰忍」は二通りあり、「遠入りの法」は数ヶ月、あるいは数年にかけて敵地に潜入する「草」と呼ばれる長期間の術であり、「近入りの法」は短期間に潜入する方法だ。芭蕉の旅は実はこの「陰忍・近入りの法」ではなかったのか言われている。

四、旅の目的は外様藩の軍事基地の調査だったのか？

黒羽で十三泊、須賀川で七泊しているのに、目的の一つである仙台藩の松島では一泊しかしてない。俳諧も一句として詠まなかった。実は仙台藩の情勢をひそかに調べるためではなかったのか？　弟子曽良の日記には、瑞巌寺、石巻港を見物したと書かれている。これらは実は仙台藩の軍事基地偵察が真の目的で松島見物はカモフラージュであった。

五、旅の資金はどうやって用意したか？

幕府に隠密として雇われたので、スパイ活動の資金をひそかに受けていた？　と言う説がある。

三重大学の吉丸雄哉准教授（日本近世文学）は

「――芭蕉忍者説には、芭蕉が伊賀の無足人（準士分の上層農民）で伊賀者（＝忍者）として藤堂藩に雇われていたとする説や、芭蕉が歩いた「奥の細道」の足跡は忍者と思えるような健脚ぶりを示し、東北諸藩の情勢を幕府が芭蕉に探らせる裏の目的があったといった説がある。

（略）

また、芭蕉忍者説の起源として、作家の松本清張氏と考古学者の樋口清之氏が共同執筆した『東京の旅』（昭和四一年）で特定の秘密任務を帯びた忍者として推測されていることを挙げ、推理小説家、斎藤栄氏『奥の細道殺人事件』（昭和四五年）、連続テレビ時代劇「隠密・奥の細道」（昭和六三～平成元年）などによって広く定着していった。――」

と芭蕉忍者説及びその伝播について語っている。

またある大学教授が言った。

「――旅の金づるは幕府だ。従者の河合曽良は幕府神通方学者の高弟。全国の社寺に出入りできる。日光東照宮の修築に当たる仙台藩伊達家の動向を二人で探ったのではないか。それが幕府の命でと考えてはどうか――」

となると、つまり忍者である。これも一つの説に過ぎないが、一番辻褄が合い納得がいく見解だと思う。

シーボルト事件の密告者間宮林蔵――隠密ご用で長崎に潜入

常陸国筑波郡上平柳村（後の茨城県つくばみらい市）の小貝川のほとりに、農民の子として生まれる。間宮家は戦国時代に後北条氏に仕えた宇多源氏佐々木氏分流間宮氏の篠箇城主の間宮康俊の子孫で間宮清右衛門系統の末裔である。

幕臣・村上島之丞に地理や算術の才能を見込まれ、後に幕府の下役人となった。寛政十一年

（一七九九）、国後に派遣され同地に来ていた伊能忠敬に測量技術を学び享和三年（一八〇三）、西蝦夷地（日本海岸およびオホーツク海岸）を測量し、ウルップ島までの地図を作製。文化五年（一八〇八）、幕府の命により松田伝十郎に従って樺太を探索した。林蔵はアイヌ語もかなり解したが、樺太北部にはアイヌ語が通じないオロッコと呼ばれる民族がいることを発見、その生活の様子を記録に残した。松田と共に北樺太西岸ラッカにいたり、樺太が島であるという推測を得てそこに「大日本国国境」の標柱を建て、文化六年（一八〇九）六月、宗谷に帰着した。翌月、単身樺太へ向かい、現地ではアイヌの従者を雇い、再度樺太西岸を北上し、第一回の探索で到達した地よりもさらに北に進んで黒竜江河口の対岸に位置する北樺太西岸ナニオーまで到達し、樺太が半島ではなく島である事を確認した。さらに林蔵は、樺太北部に居住するギリヤーク人（ニヴフ）から聞いた、清国の役所が存在するという黒竜江（アムール川）下流の町「デレン」の存在、及びロシア帝国の動向を確認すべく、鎖国を破ることは死罪に相当することを知りながらも、ギリヤーク人らと共に海峡を渡ってアムール川下流を調査した。その結果、ロシア帝国が極東地域を必ずしも十分に支配しておらず、清国人が多くいることがわかった。

間宮林蔵は樺太が島であることを確認した人物として認められ、シーボルトは後に作成した日本地図で樺太・大陸間の海峡最狭部を「マミアノセト」と命名した。海峡自体は「タタール海峡」と記載している。

文化八年（一八一一）四月、松前奉行支配調役下役格に昇進。同年一二月、松前に派遣される。文政五年（一八二二）、普請役となり、文政一一年（一八二八）には勘定奉行・村垣定行の部下になり、幕府の隠密として全国各地を調査した。仲間に伊賀者が多かったと言う。石州浜田藩の密貿易の実態を掴み、大坂町奉行矢部定謙に報告し検挙にいたらせる（竹島事件）などの活動に従事した。

樺太探検自体が対ロシア・対清国の隠密行動であり、単に隠密としての諜報活動の場が樺太であった。変装の名人であり、アイヌや乞食などさまざまな変装をこなしており、後に「乞食に変装した時は、（着衣がボロボロなので）預かった資金を懐中に隠すのに苦労した」と述懐している。浜田藩の密貿易調査の際も、商人に変装して回船問屋・会津屋への潜入に成功している。

シーボルト事件を幕府に密告したとされている。蘭学者の小関三英は兄への手紙の中で、林蔵を天文方・高橋景保を密告し幕府に捕えさせた者として記している。高橋景保は林蔵にとって大師匠にあたる高橋至時の息子であり、儒教道徳においては許し難い行動であり「さすがは冷酷な忍者である」という非難がなされた。しかし、鎖国を建前としていた当時、外国人との交流を勝手に行う事は許されておらず、幕府に届け出なければならなかったのにもかかわらず、景保はこれを破って密かにシーボルトとやりとりしており、シーボルトから景保宛の書簡に林蔵宛の包みも入っていたので林蔵が規定通り届け出たところ、景保とシーボルトのかかわりが明らかになった。

探索で培った、蝦夷・樺太方面に対する豊富な知識や海防に対する見識が高く評価され、老中大久保忠真に重用され、川路聖謨や江川英龍らとも親交を持った。また、当時蝦夷地の支配を画策していた水戸藩主徳川斉昭の招きを受け、水戸藩邸等に出入りして斉昭に献策し、藤田東湖らと交流を持った。

晩年は身体が衰弱し、隠密行動も不可能になったと言う。天保一五年（一八四四）、江戸深川蛤町か本所外手町において没した。

間宮林蔵にまつわる逸話が残されている。

- 林蔵は、奇行で知られている。寒中も単衣（ひとえ）一枚で暮らし、火鉢も使わない。夏は蚊の多い深川に住んでいて蚊帳もつらず、はだしで歩いていた。人に聞かれると「足の裏がやわ（柔）になるところまる」と答えたと言う。
- 「間宮林蔵は予の配下の者だ。隠密ご用を勤める奇特だが、人となりが、奇人でわがままといえる。あるとき、上下（かみしも）をつけずに登場してもよろしいか、と聞く。それでは無服で出るようなものと、言っておいた。また屋敷替えなどするとき、届け出たことがない。だから林蔵が私の家に来るとき、以前と違う方角から来たら人をやって調べた。果たして屋敷替えをしたのだった。隠密として偵察に出るときは、髪やひげも整えず、まるで物もらいと間違われそうだった。しかし性格は正直で、養子を召し出そうとすると、固く辞退し、『我らはもともと百姓。子孫の繁栄は望みません。』と言った。」【『全楽堂日録』】

• フィッセルは、隠密を「軽べつすべき存在」として、「常に現れてくる」と憎しみをこめて書く。「ある日、禁制品を得ようとオランダ商館に出入りしていた日本人が一人の男に会った。それが間宮林蔵だと分かると彼は驚き、恐怖にかられていた」【『日本風俗選考』】

第六章　三大寺・鵜飼家

室町時代に山城を築城し屋敷を構える

三大寺は、中世は池原杣荘に属していたらしい。三大寺の中が、史料に最も古く見えるのが、南北朝時代（一三四三）の山中文書である。ちなみに三大寺とは、飯道山上の飯道寺とその山腹にあった道徳寺・薬王寺の三寺にちなむと伝えられている。三大寺の領主・首長・城の変遷を見ると、奈良時代は飯道寺領、平安時代は、飯道寺領及び延暦寺領で若林氏が若林城を築城、鎌倉時代は、園中将領で竹石氏が竹石城を築城、室町時代は、鵜飼氏領で鵜飼氏が竹中城を築城した。戦国時代になると、長束氏領となり、長束正家が岡山城を築いた。関ケ原の戦い以降、幕府領となるも、元禄時代以降は、二分されて旗本桜井松本氏、大名大久保氏領（のちに宮津藩領）となり、二人庄屋制で統治され、明治維新を迎えた。

わが鵜飼家は、いつごろ三大寺にきたのだろうか、そして一族の盛衰はどのようであったのか。『鵜飼氏文書』『ふる里三大寺』等を紐解くと、鵜飼家は藤原南家の末裔で、致忠が鵜飼を名乗ったと思われる。闇夜に鵜をたくみに操るごとく、忍者のリーダーとして鵜飼と名のったのであろうか。

室町時代、鵜飼實忠が、三大寺で山城の竹中城を築城し、城下の高台地千代光部に鵜飼屋敷を構えた。荒野を拓き、溜池、用水路を整備したので農業生産力は拡大し、三大寺の地に多くの富をもたらした。その頃から宗家当主は、名前に實を使うようになった。鈎の陣では、實忠の子である實経の戦功が認められて、三大寺鵜飼家は、甲賀二十一家に名を連ね、一千石を領する名家となった。

しかし、出る杭は打たれるかの如く織豊時代になると甲賀の名家は、領地を没収されてしまい没落の一途を辿ることとなった、いわゆる「甲賀ゆれ」である。三大寺鵜飼家も同じく、竹中城は廃城、千代光筋の要衝地三本柳に拠点を移した。鵜飼家再興を願って、幕府に武門への復帰を嘆願するのだが、叶うことはなかった。寛政六年（一七九四）、實哉が没すると、その後の鵜飼宗家は史料に見られない。

江戸時代後期、三本柳鵜飼家は、代々医者を営んでいた。恐らく甲賀忍者の遺伝子がそうさせたのであろう。文化十四年（一八一七）、京都・二條殿御役所より、鵜飼原達は感状と弓張一対（提灯）を賜っている。その子でわが高祖父鵜飼實秀（雅号は舎杖、以下舎杖と記す）は、青年時代に京都にて遊学し、医学ばかりでなく文芸・絵画を学んだ。この頃に、甲賀出身と言われて

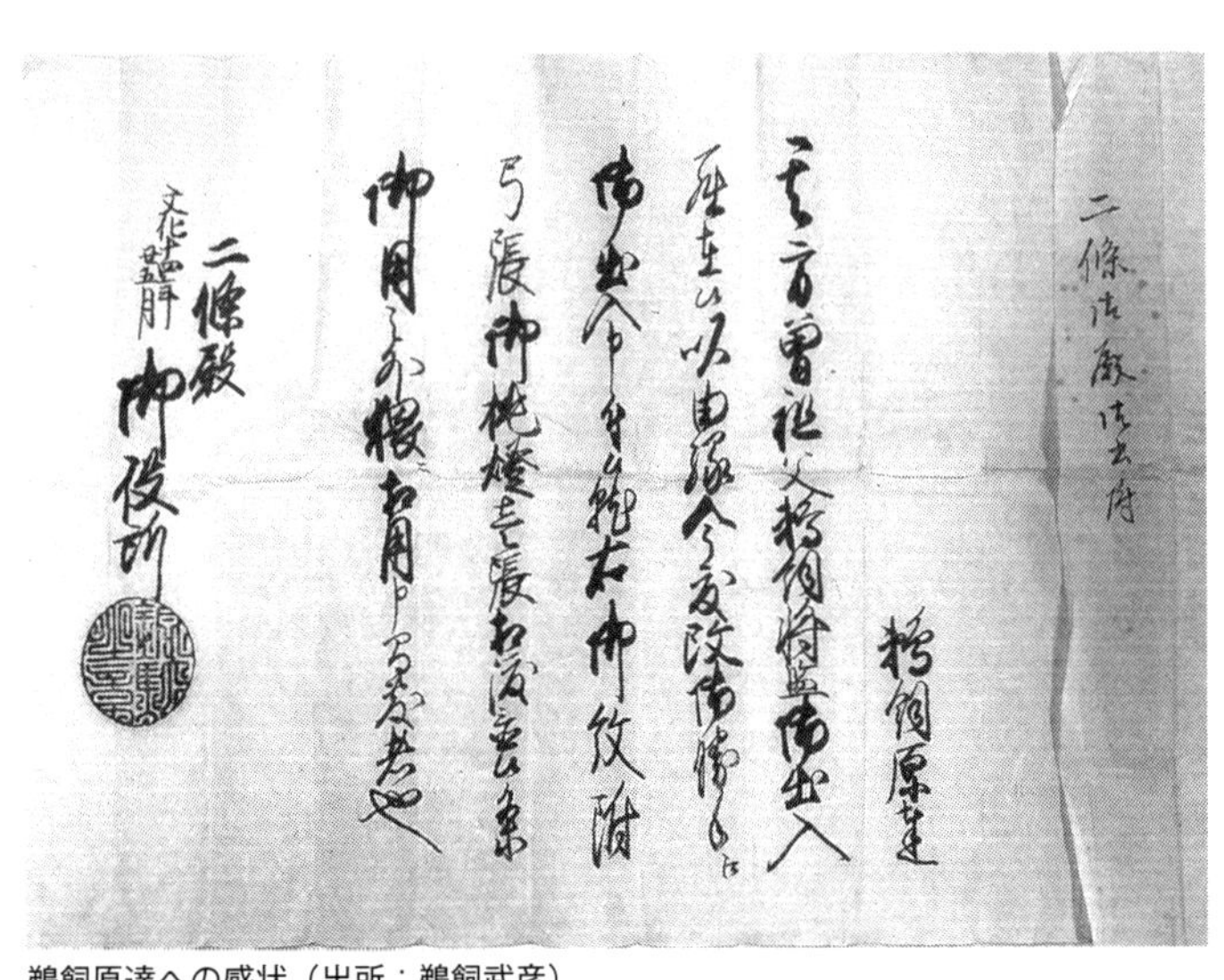

鵜飼原達への感状（出所：鵜飼武彦）

いる円山派絵師中島来章（一七九六—一八七一）との交流があったのであろう。中島来章の弟子であった幸野楳嶺（一八四四—一八九五）が京都蛤門の変で全市街が焼けたので鵜飼舎枕宅に寄寓した。当時多くの絵師が幸野楳嶺のいる三本柳鵜飼宅に訪ね来て、その縁で、多くの襖絵などを描いている。また、幸野楳嶺が絵画教育者として鵜飼家に援助を仰いでおり、京都府絵画学校（一八八〇創設、現京都市立芸術大学）建設する際には援助した。

三本柳で舎枕の功績はつぎの四つが挙げられる。

一、医者としては精神病患者治療で「医は仁述なり」との信念を持ち、博天堂を開いて病気で貧しい人物がいると聞けば好んで施療し

鵜飼邸。筆者生家。門の傍らに幸野楳嶺寄寓の碑。

た。

二、思想家としては、水口藩儒中村栗園（尊王攘夷派）と交流し、儒学、尊王思想を極めた。交際を持った。六角氏の末裔で明治維新に貢献した城多董など、甲賀の地で、明治維新を担った経世済民を志す多くの若者等を育てた。また、儒学者・勤皇派の矢野玄道が舎杖宅に寄寓すると舎杖宅は国学のメッカとなり、舎杖宅に公卿三条実美が頻繁に訪れたので、勤皇思想のメッカにもなった。

三、芸術家としては、幸野楳嶺と交流して、京都画壇の若き画家達を支援した。また、俳諧を好み、多くの佳句を残している。三大寺の円光寺には今も舎杖の筆蹟の額がある。余談だが、芥川賞受賞作家池田満寿夫氏が私の実家に泊まった折、舎杖の句を見て絶賛している。

四、明治の廃仏毀釈により、三大寺の長谷寺が廃寺になったとき、飯道山修験道の名残をとどめる本堂、山門を買い取って、舎杖自宅に移築した。なお、山門・庫裏（くり）とも今も健在である。

鵜飼家に関する史料の記述

- 三大寺・鵜飼家は、藤原鎌足の南家の末裔で、右京大夫致忠が鵜飼氏の祖。文明年間に、鵜飼稲木介實忠が千石余を領する領主として、三大寺に築城し、三大寺に居住した【『鵜飼氏系譜』】。
- 藤原千清の代に下総の結城より三大寺に移った『鵜飼氏系譜』】。
- 甲賀古士五十三家の中、特に鈎の合戦で軍功のあった二十一家の中の鵜飼源八郎は、實忠の子、鵜飼源八郎實経と思われる。その子、又五郎實綱の頃、「三大寺村ヲ領ス千石余則小城アリ」と書かれている。約百年余り竹中城主として鵜飼氏の全盛期が続いたが天正年間に雑賀の陣に讒言され秀吉の怒りを受け本領を召し上げられた。将軍家光送迎の甲賀武士名簿の中の鵜飼四郎兵衛は源八郎實経より五代後の鵜飼四郎兵衛實包であると思われる。寛政六年源八郎實哉が病没する迄、甲賀二十一家古士として徳川家との由緒を申し立て願書を提出して武門への復帰を図ったが、日々は百姓を営んでいた『甲賀郡志』】。
- 文永年代以来、三大寺の領主であった園中将の後裔は応仁の乱で失脚、文明年間初期に鵜飼稲木介藤原實忠が平安の都から三大寺に居住した。實忠は中西南部に竹中城を築城し、沼地を開鑿、農耕水利を整備して領土の開発を図り、千石余を領した。鵜飼家の全盛は、室町末期から戦国時代であった。天正初期の雑賀攻めの陣に豊臣秀吉方として出役するが、讒言せられて秀吉の憤怒を受け、遂に改易せられ、本領を召し上げられて没落した【『貴生川町史』】。

●竹石氏に変わって鵜飼稲木之介実忠が当地（三大寺）の領主となった。鵜飼氏は竹石の南方高台地千代光部の地に邸宅を構え、中西丘陵の東端稲荷山に竹中城を築いたので千代光部及び中飼戸に住民が集まって集落を形成するようになった。鵜飼氏は領地の開発に努め、中西池・沢の谷池・川合谷古池等の溜池を開鑿し水利を治めたので、農作も安定し鵜飼氏も繁栄して十数戸の分家にも広がった。又邸内に神明社・城内に竹中稲荷社を勧進したが、現在も郷土の氏神として祭祀されている【『ふる里三大寺』】。

●竹中城址……東南北の三面は急勾配の高台地で西方は丘陵に続いている。城址とおもわれる中央が南北に深く掘り割られていて二面となっている。この掘り割りは城の抜け道であったか、後代に通路として掘り割られたものか、詳かでない。西方の本丸址と思われる所は現在林地となっているが、平坦地で面積は二反歩程度で東西両面と塹壕の跡がある。当方の一面は現在畑地で面積は」一反歩近い。開墾されているので資料は残っていないが、周囲に樹木もなく視界が開け、景勝の地である。あるいは二の丸とも考えられる。（略）城址の東方の下段には、竹中稲荷社が守護神として鎮座し、南方の下段には石造りの五輪塔と石地蔵が安置されていて、室町時代の城郭の型を残している【『ふる里三大寺』】。

●鵜飼家呈邸址……郷土の東南部、現在の猪口部は昔は千代口部と称した。ここに文明（一四六九―一四八七）初期から永禄（一五五八―一五七〇）末期に至るまで、当地の領主であった鵜飼稲木之介實忠の邸址がある。猪口部西北部の今は田地となっている三反半ばかりの地を、昔から稲木の屋敷跡と伝えられている。京海道から別れ、飯道山登山道と牛飼道との分かれる所で土地は高燥で展望も広く、要衝の地である。資料は残っていないが、邸址と伝えられる所に立って眺めると、近くに守護神神明社が鎮座し、西方には初明高地の中段に墓所、その上段に城の守護神竹中稲荷社が鎮座し、更に上段には竹中城址が手にとるように見える。昔時の領主、鵜飼家の構想が壮大なものであったと想像される。当時はその隷属民が数十戸、邸宅の周囲に居住しいわゆる垣内をなしており、郷土の中心地であったと思われる【『ふる里三大寺』】。

鵜飼家に関係する年表

室町時代	鵜飼稲木之助實忠が三大寺領主、竹中城主。阿弥陀堂建立。中西池、沢の谷池築造。
長享元年（1487）	足利義尚の陣（鈎の陣）に甲賀者が夜襲、伊賀者も参加。この夜襲では、鵜飼源八郎實経が活躍。甲賀五十三家誕生。鵜飼家は、甲賀二十一家、杣伍家として、甲賀武士の名門に加えられた。
明応二年（1493）	将軍義材が六角征伐で甲賀総攻撃をかけるも、六角勢に加担した甲賀武士は甲賀城を守る。その功績で、六角高頼より鵜飼源八郎等に感状。
享禄元年（1528）	鵜飼駿河守が、室町将軍義晴軍勢との反野坂の戦いに参戦し名を馳せる。
永禄五年（1562）	鵜飼孫六（二百人の忍者を率いる）等が、西郡城の今川家臣鵜殿氏を攻略。この「鵜殿退治」により、家康が今川氏から独立することができた。この功績を称えて褒美として家康が盃を鵜飼家等に授与。
天正元年（1573）	鵜飼氏、秀吉に従って紀州雑賀の陣に出役。
天正十二年（1584）	太田城水攻めの堤防決壊につき、讒言されて甲賀者が改易処分。俗に「甲賀ゆれ」といわれる。
慶長五年（1600）	伏見城籠城戦　関ヶ原の戦い　甲賀百人組の成立。
寛永十三年（1636）	鵜飼蔵人頼継が松野玄之丞に『軍気之巻』を伝授。この巻物には、六十一の図入り戦陣気象学が記されている。
寛永十四年（1637）	島原の乱　鵜飼勘右衛門（五十四歳）等甲賀者十名が従軍。
寛政元年（1789）	大原数馬、鵜飼四郎兵衛ら幕府に嘆願書を提出、『萬川集海』を江戸幕府に献上。
文化十四年（1818）	鵜飼原達が京都・二條殿御役所より感状と提灯を授与される。

資料・鵜飼家

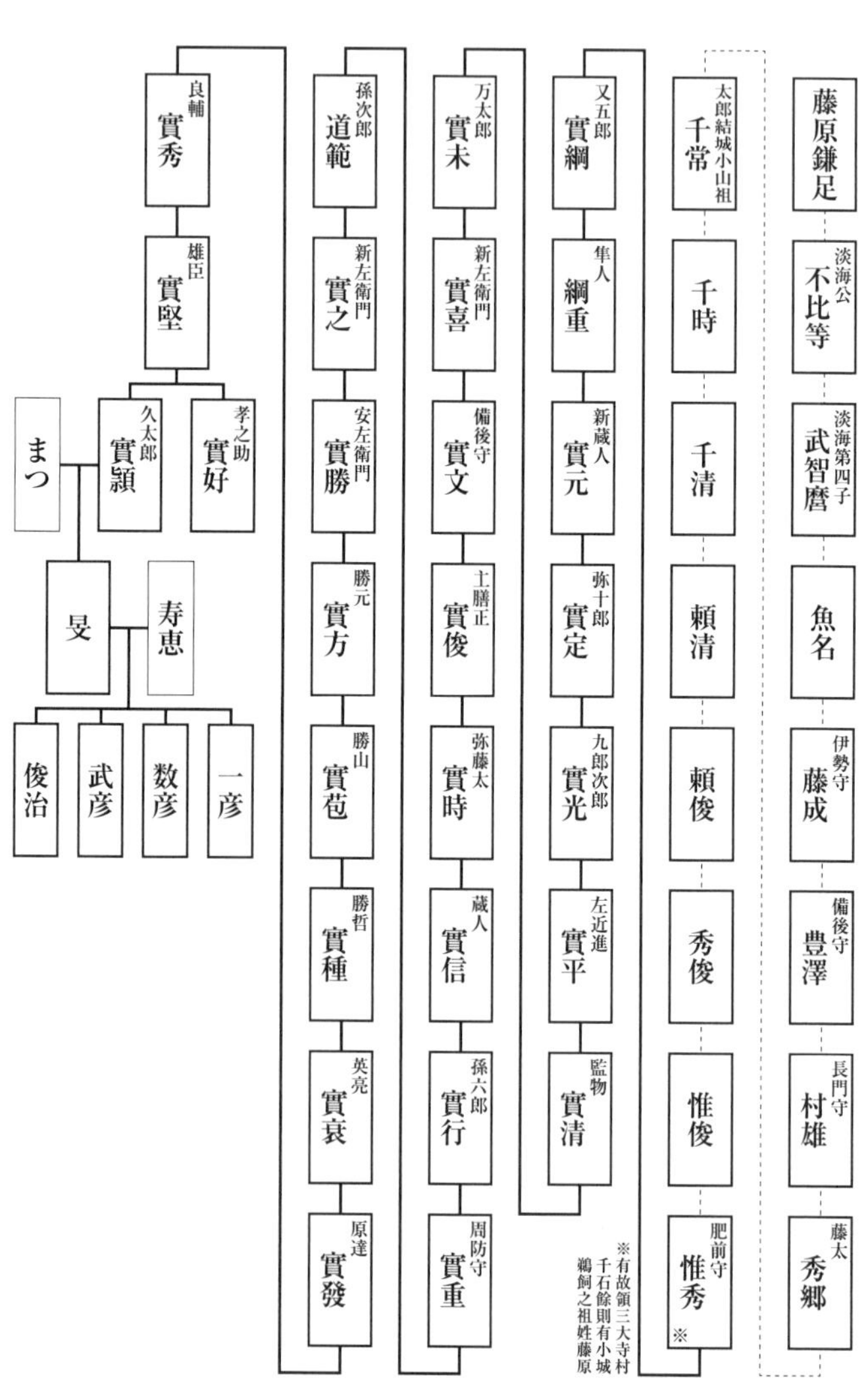

藤原鎌足
淡海公 不比等
淡海第四子 武智麿
魚名
伊勢守 藤成
備後守 豊澤
長門守 村雄
藤太 秀郷
太郎結城小山祖 千常
千時
千清
頼清
頼俊
秀俊
惟俊
肥前守 惟秀 ※
※有故領三大寺村
千石餘則有小城
鵜飼之祖姓藤原
又五郎 實綱
隼人 綱重
新蔵人 實元
弥十郎 實定
九郎次郎 實光
左近進 實平
監物 實清
万太郎 實末
新左衛門 實喜
備後守 實文
主膳正 實俊
弥藤太 實時
蔵人 實信
孫六郎 實行
周防守 實重
孫次郎 道範
新左衛門 實之
安左衛門 實勝
勝元 實方
勝山 實苞
勝哲 實種
英亮 實衰
原達 實發
良輔 實秀
雄臣 實堅
孝之助 實好
久太郎 實頴
まつ
旻
寿恵
一彦
数彦
武彦
俊治

資料・鵜飼家（分家）

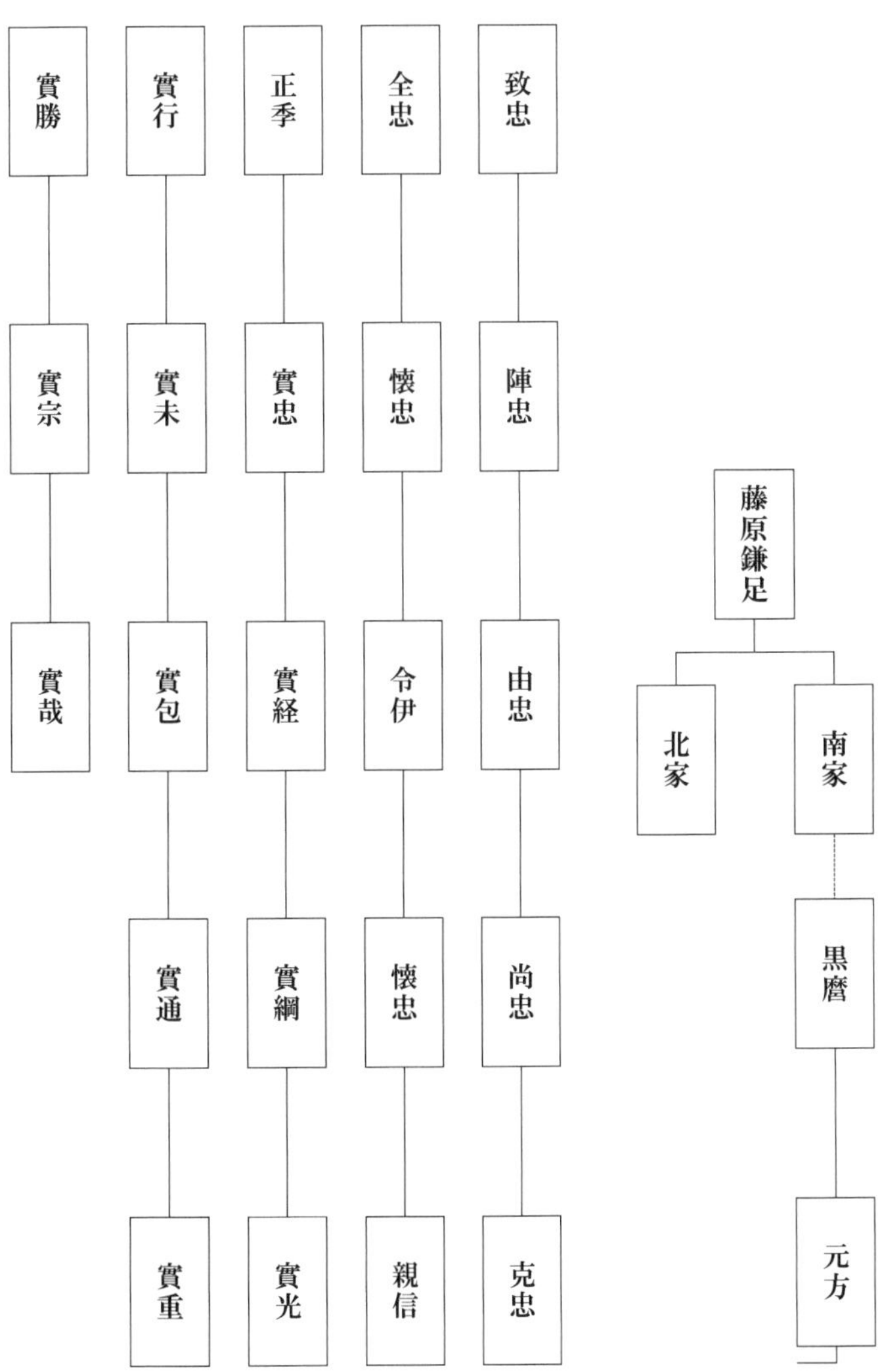
實勝
實宗
實哉
實行
實末
實包
實通
實重
正季
實忠
實経
實綱
實光
全忠
懐忠
令伊
懐忠
親信
致忠
陣忠
由忠
尚忠
克忠
藤原鎌足
北家
南家
黒麿
元方

第七章　語り継がれる甲賀忍者——輝ける歴史を次世代に

現代社会にも忍者は生きている。スパイである。世界の大国アメリカやロシアは国家がＣＩＡやＫＧＢなどのスパイ・偵察組織を持っている。ソ連崩壊後、ＫＧＢは解体されＦＳＢに移行された。核兵器の開発やミサイルの開発は各国のスパイによる情報の取り合いで、相手側より優秀な兵器の製造をするために血眼で探り合っている。国家に限らず、企業間も商売相手の情報をつかみ有利なビジネスをしようと必死なのは同じである。現在は人工衛星による空からの写真撮影で地形はもとより、工場の形で生産品の工程や性能、赤外線撮影で農産物の成長の具合、それによる生産量や推定価格の変化、買い市場でのビジネス、あらゆる面で情報収取勝負が行われている。

国内では、企業間の産業スパイがある。他人や役所のコンピューターから情報を盗むハッカーが出現、それもダイレクトではなく、ほかの国をいくつも経由し、身元をわからなくして攻撃してくる。現代の忍具はスマートフォンやｉＰｈｏｎｅ、タブレット、パソコンだ。写真も音声も、動画も撮れる。そして即座に地球の裏側にまで送れる。

二〇一七年、私が中国を訪問した際、党員や政治局員などの特権階級の子供が通う幼稚園を視察した。中国では昼食後に昼寝をさせるが、寝ている園児の姿を各家庭の保護者がパソコンで見られるようになっていると教えてもらった。またベトナムに訪問した際にはパソコンでＶＩＳＡの申請をし、パソコンに送られてきたＶＩＳＡを入国の時に見せれば入国できた。日本は電子・情報面で進んでいると思っていたが、他国はもっと進んでいて最新技術を利用しているのが現実である。

小説、映画、電子書籍、ｙｏｕｔｕｂｅ等インターネット、ＳＮＳの高度情報通信ネットワーク社会になって今や世界をかけめぐる「忍術」は事実か、どうか。こんな忍術の根本問題について『甲賀郡志』にはこう書いてある。第十九編「甲賀武士」の第一章、総説の一節だ。

「――甲賀衆、伊賀者が忍術を主とする如く称するには、軍談家の誇張説にして探るに足らず。然れど天正以後伊賀武士は主として専ら『細作』を事とし、甲賀武士は主として『攻戦』に従えば行動自ら差別を生じたるなりという。――」

忍術は話し家の作り話

この記述は前にも引用したが、文意はこうだ。甲賀武士や伊賀武士は、忍術を主としていたように言われるが、あれは合戦を語る「話し家」の作り話だ。誇張しているので、とるに足りない。その武士らの行動は、伊賀武士が「細作」つまり間者や隠密。甲賀武士は「攻戦」つまり合戦の偵察や奇襲を主にした。

だから、甲賀武士の場合は合戦の武士らしく堂々としている。筆者は、伊賀武士との違いをこう言いたかったのだろう。

現代の小説やテレビ、映画に登場する忍術。それはいわゆる戦国時代のスペシャリストたちの「術」の部分だけが一人歩きしている。合戦も、隠密もない。

忍者を使った武将たち

しかし、『萬川集海』には多くの武将が合戦に忍者や忍術を使っていたとしている。伊勢三郎義盛、楠正成、正子父子、武田信玄、毛利元就、上杉謙信、織田信長……これが正統派。

ゲリラ戦に秀でた楠正成、戦略家の武田信玄、織田信長らは、近代戦にも劣らないほど忍者による情報収集に力をそそいだ。

甲賀武士の名が広く知られたのは、長享元年（一四八七）、将軍足利義尚が諸国の大名を率いて近江へ攻め込んだ時、義尚のいる「鈎の陣」へ夜襲を重ね、ついに義尚を死に追いやったのが甲賀武士。その偵察奇襲の戦果である。

戦国の覇者・織田信長との戦いで甲賀武士団は壊滅したが、信長に従った伴太郎左衛門（水口）は、本能寺で共に討ち死にしている。信長すら甲賀武士を重く見ていたのがわかる。

江戸時代の初め、徳川家康は、江戸城の守りと各地の大名の動静を探るのに忍者を使った。これは主に隠密として採用された伊賀武士だ。『甲賀郡志』が書いている伊賀武士の「細作」とは、このことをさすのだろう。隠密とは、武士と言うより秘密警察だ。甲賀武士には隠密の足跡がない。

甲賀武士が江戸に移り住むのは寛永十一年（一六三四）、伊賀武士より五十年も後のこと。仕事も江戸城本丸と大手山門の警備。大奥の使い走りまでやったと言う伊賀武士とは違う。甲賀武士らは長年、江戸移住を拒んできただけに、どこかに誇りを持っていた。

岸和田藩には五十人も

他方、江戸時代の岸和田・岡部藩は六万名の大名だったが、甲賀武士五十人を甲賀に在地のまま召し抱えた。だから、幕末、五條の変では、甲賀から五十人がいそぎ岸和田藩へかけつけている。

このように誇り高い甲賀武士。彼らの背後には世界史にもまれな自治組織「甲賀共和制」があった。同名中惣―地域中惣―郡中惣と下層から郡上層部へと結ばれる惣組織は個人の権威が平等で、組織を仕切ったのは奉行中惣。大名はいなかった。きびしい多数決制は前述した。

甲賀武士と歴史の伝承。郡内には、甲賀町に忍術村、甲南町に忍術屋敷。このほか甲賀町塔野の大原数馬家、姓を引き継ぐ五十三家、「株」として面影をとどめる同名中惣。数多い城跡、忍具、総社の油日神社、修業の場の飯道山など、残る史跡は数多い。

忍術選手権に外国から

甲賀町の忍術村では、春に「くノ一（女忍者）オーディション」、秋に「全日本忍術選手権」が外国からの参加者も含めて催される。二〇一七年秋には、「甲賀・伊賀忍者フェスタ」が甲賀発信事業委、伊賀忍者事業実行委の主催で両地域で催された。

栗東町では歴史民俗博物館の開館十周年記念展「鈎（まがり）の陣とその時代」があった。

今、時代は地方文化の顕彰に目が向けられている。「甲賀武士とその時代」も、もっともっと歴史が掘り起こされ、発信されることだろう。「甲賀武士よ　あすへよみがえれ！」忍びの里の輝ける歴史として。

おわりに

六十年以上前に私が大阪に勤務していた時、梅田の地下街の古本屋で一冊の本を見つけ立ち読みをしていて、その本の中にわが鵜飼家の祖先の名前があるのを見つけ、読んでいると祖先が忍者であると書いてあるではないか。著者は当時の校長である甲賀高校の山口正之氏である。私だけは膳所高等学校に通っていたが私の兄弟姉妹は皆甲賀高等学校に通っていた。父も学校のPTAの役員をしていたので、山口校長は実家によくきており蔵の中の古文書を調べていた。

その後孫たちが通っていた京都大学や金沢大学の先生が蔵の中の古文書を調べにきていた。

私の父母は先祖や古文書のことには興味がなく兄も疎かった。曽我蕭白や塩川文麟のふすまの部屋で寝起きをしていたが一切何も言わなかった。就職して現役中は忙しくて殆ど忍者のことは忘れていたが、墓参りの際に実家に帰ると仏壇の位牌に長い戒名が書かれているのに興味が湧き、調べていくうちに先祖の過去の活躍がいろいろな文献に出てくるのに驚き、甲賀忍者二十一家庄内三家で鵜飼党として、甲賀武士団の一大勢力を持っていることもわかった

甲賀忍者の修験道場であった飯道寺山は天台宗の寺で、明治初めの廃仏毀釈のおり、飯道寺の

別当寺で薬師堂長谷寺が明治六年（一八七三）に廃寺となり鵜飼雄臣が山門と本堂を三本柳に移築して、それがわが生家になった。私は比叡山延暦寺の僧で京都大学時代に比叡山にのぼり、十二年間籠山行をし仏道をきわめられた元叡山学院長で現在は三千院門跡門主堀澤祖門大僧正には弟のように可愛がっていただき、短歌の世界でも仲間としてお付き合いをいただいている。この上梓に際してはコメントをいただき、これも天台宗のご縁とありがたく思っている。

国立大学でただ一つ忍者を研究している学部のある三重大学の忍者学の第一人者山田雄司教授も自宅にお越しいただき、古文書を見ていただき、資料をお見せし、研究のお役に立てたものと思っている。この上梓にもコメントをいただき感謝している。

伊賀市で開催された国際忍者学会にも参加させていただき、多くの忍者・忍術研究者とお会いした。

今日の忍者の現状はわが先祖がいた時と違い、事実とはかけ離れた創られた忍者像になっている。例えば龍や麒麟・鳳凰の様な架空の物になってしまっている。二十一家直系の子孫として生まれたので過去の事実を知るために、鵜飼家に伝わる古文書などをもとに書き残した。

忍者で「まちおこし」に努力されている甲賀市長の岩永裕貴氏にもコメントをいただき、紙上を借りてお礼申し上げます。

資料の調査や校正など、長年の友人である大阪市立大学都市研究プラザ特別研究員の上村修三氏に大変お世話になり感謝しています。

参考資料

忍者の歴史

年号		忍者史関係事項
孝霊七二年	（B.C.二一九）	徐福来日　忍術の起源となる仙術が伝わる
孝元七年	（B.C.二〇八）	徐福死去
敏達十三年	（五八四）	百済の鹿深という人が渡来し、「かふか（＝甲賀）」の地を開く
孝徳天皇二年	（六四六）	大化の改新
天武天皇元年	（六七二）	壬申の乱　忍術を使った戦いが始まったとされる
文武三年	（六九九）	修験の開祖・役小角が捕らえられる
養老七年	（七二三）	私墾田開発令　これ以降荘園が爆発的に増えていく
弘仁元年	（八一〇）	この頃、仏教説話集『日本霊異記』が記される
延長五年	（九二七）	『延喜式』の編纂、生薬一覧の項に近江は七十三種で全国第一位
天喜二年	（一〇五四）	黒田の荘民と国司の戦い
延久元年	（一〇六九）	甲賀郡内で初の荘園
治承四年	（一一八〇）	源頼朝挙兵　治承・寿永の乱（〜一一八五）

元暦元年（一一八四）　伊賀平氏が蜂起、甲賀郡油日川をはさんで合戦（油日合戦）
建久五年（一一九四）　山中氏が鈴鹿山盗賊追補使に任命される
承久三年（一二二一）　承久の乱
建武元年（一三三四）　楠木正成、部下に四十八人の伊賀者を召し抱える
建武三年（一三三六）　斎王群行の断絶　この頃、服部持法が大悪党になり勢力をふるう
建武四年（一三三七）　伊賀国守護・仁木義覚も服部持法とともに東大寺領を侵略
応仁元年（一四六七）　応仁・文明の大乱（〜一四七七）　忍者がこの頃発生する
文明十年（一四七八）　足利幕府が六角高頼を近江の守護に任命
長享元年（一四八七）　足利義尚の陣（鈎の陣）に甲賀者が夜襲、伊賀者も参加
甲賀五十三家誕生
天文十二年（一五四三）　西洋の鉄砲、火薬が日本に渡来
天文十五年（一五四六）　油日村（現甲賀町）で火薬を製造
栄禄三年（一五六〇）　この頃、伊賀惣国一揆が成立
永禄四年（一五六一）　六角義賢（承禎）、百々氏の佐和山を甲賀者・伊賀者を使い攻撃
永禄十一年（一五六八）　織田信長の近江侵攻、六角義賢、義治父子、甲賀・伊賀に逃亡
永禄十二年（一五六九）　足利義昭を奉じて織田信長が上洛　この頃、甲賀郡中惣が成立
元亀元年（一五七〇）　野洲河原の戦　六角義賢が甲賀者・伊賀者を結集し信長勢と決戦

元亀三年（一五七二）　三方ヶ原の戦　合戦後、服部半蔵正成は伊賀者百五十人を預けられる
天正二年（一五七四）　六角氏滅亡　甲賀武士団は信長支配下におかれる＝甲賀共和制の崩壊
天正七年（一五七九）　第一次天正伊賀の乱
天正八年（一五八〇）　伊賀組が江戸城に入り警備にあたり始める
天正九年（一五八一）　後期第二次天正伊賀の乱
天正十年（一五八二）　本能寺の変　徳川家康伊賀越えに甲賀者・伊賀者従軍
　　　　　　　　　　　　　第三次天正伊賀の乱
天正十二年（一五八四）　太田城水攻めの堤防決壊により甲賀者が改易処分
天正十四年（一五八六）　甲賀郡中惣が油日神社に永代供養として百石寄進
文六三年（一五九四）　盗賊・石川五右衛門が釜ゆでにされる
慶長一年（一五九六）　服部半蔵正成没（五十五歳）
慶長五年（一六〇〇）　伏見城籠城戦　関ヶ原の戦い　甲賀百人組の成立
慶長九年（一六〇四）　大坂冬の陣　甲賀者・伊賀者が参戦
慶長十年（一六〇五）　大坂夏の陣　伊賀者が活躍し、藤堂藩に取り立てられる
寛永十一年（一六三四）　この頃、甲賀の忍者たちが江戸に住み始める
寛永十三年（一六三六）　藤堂藩に伊賀者二十名が藩士として取り立てられる
寛永十四年（一六三七）　島原の乱　甲賀者十名が従軍

延宝四年（一六七六）　藤林保武が「萬川海集」を編纂
延宝七年（一六七九）　菊岡如元、「伊乱記」を編纂
享保元年（一七一六）　江戸幕府八代将軍・徳川吉宗が将軍直属の諜報機関、御庭番を創設
寛政元年（一七八九）　大原数馬ら幕府に嘆願書を提出、『萬川海集』を江戸に献上
寛政八年（一七九六）　伊勢農民一揆に藤堂藩伊賀者十名が探索
寛政十二年（一八〇〇）　この頃、「忍術応義伝」が編纂
文化元年（一八〇四）　醍醐寺三宝院の門跡が全国の山伏を連れ大峰山に入る
文政十一年（一八二八）　シーボルト事件
天保三年（一八三二）　この頃『木葉衣』二巻が記された
天保十三年（一八四二）　近江天保義民の決起
嘉永六年（一八五三）　ペリー来航　翌年藤堂藩伊賀者・澤村甚三郎保祐が黒船探索
文久三年（一八六三）　大和国五条の変（＝天誅組の変）尊王攘夷過激派の決起
慶応四年（一八六八）　鳥羽・伏見の戦い　甲賀勤皇隊を結成し、戊辰戦争に出陣
明治五年（一八七二）　明治政府が修験道を禁止
明治十七年（一八八四）　配札禁止令発布
明治二十四年（一八九一）　望月氏が多賀坊・朝熊坊を統一し、共同製剤所に

参考主要文献

『忍者の生活』 山口正之（雄山閣 一九六三）
『忍びと忍術』 山口正之（雄山閣 二〇〇三）
『新装版忍術 その歴史と忍者』 奥瀬平八郎（新人物往来社 一九九五）
『ふる里三大寺』 鵜飼一彦他編（水口町 二〇〇三）
『忍びの里と甲賀武士―忍者の歴史がここに』 鵜飼修三（甲賀新聞社 二〇〇一）
『江州甲賀廿一家 鵜飼氏に関する歴史考察』 鵜飼宏侑（一九六九）
『考証忍者物語』 田村栄太郎（雄山閣 一九八八）
『〈甲賀忍者〉の実像』 藤田和敏（吉川弘文館 二〇一二）
『忍者文芸研究読本』 吉丸雄哉・尾西康充・山田雄司編（笠間書院 二〇一四）
『忍者の歴史』 山田雄司（ＫＡＤＯＫＡＷＡ／角川学芸出版 二〇一六）
『忍者の誕生』 吉丸雄哉・山田雄司編（勉誠出版 二〇一七）
『甲賀忍者軍団と真田幸村の原像』 福田晃編（三弥井書店 二〇一六）
『戦国忍者は歴史をどう動かしたか？』 清水昇（ベストセラーズ 二〇〇九）
『江戸の隠密・御庭番』 清水昇（河出書房新社 二〇〇九）
『忍術秘伝の書』 中島篤巳（角川書店 一九九四）
『忍者の謎―戦国影の軍団の真実』 戸部新十郎（ＰＨＰ研究所 二〇〇〇）

『一九九九年の梟の城』梟の城制作委員会（扶桑社　一九九九）
『修験道史研究』和歌森太郎（河出書房　一九四三）
『山伏　入峰・修行・呪法』和歌森太郎（中央公論社　一九六四）
『日本史の虚像と実像』和歌森太郎（角川書店　一九七四）
『図解！　戦国の陣形』乃至政彦（洋泉社　二〇一六）
『日本史の内幕』磯田道史（中央公論新社　二〇一七）
『たけみつ教授の密教と呪術が日本を動かした日本史』武光誠（リイド社　二〇〇七）
『密教』松長有慶（岩波書店　一九九一）
『道の日本史』村上五朗（新人物往来社　一九七三）
『埒外の人びと―漂泊する謎の集団』加藤蕙（東洋書院　一九九二）
『道教1　道教とはなにか』福井康順他監修（平河出版社　一九八三）
『新装版　日本の名薬』宗田一（八坂書房　二〇〇一）
『曹操注解「孫子の兵法」』中島悟史訳（ビジネス社　一九九八）

辞典・市町史・地理書

『角川日本地名大辞典25滋賀県』（一九七九）
『水口町志　上巻』（水口町　一九六〇）第2章「甲賀武士の活躍」
『水口町志　下巻』（水口町　一九七七）史料編「山中文書」
『甲西町誌』（甲西町　一九七四）第8章第1「忍術と甲賀武士」
『甲賀郡志　下巻』（甲賀郡教育会　一九二六）第19編「甲賀武士」
『甲賀町史』（甲賀町　一九七三）
『甲南町史』（甲南町　一九六七）
『甲賀市史　第2巻　甲賀衆の中世』（甲賀市　二〇一二）
『甲賀市史　第3巻　道・町・村の江戸時代』（甲賀市　二〇一四）
『甲賀市史　第7巻　甲賀の城』（甲賀市　二〇一〇）
『甲賀市史　第8巻　甲賀市事典』（甲賀市　二〇一六）
『甲賀郡志　下巻』（甲賀郡教育会　一九二六）第19編「甲賀武士」
『甲賀郡国―賀路の歴史地理』福永正三（地人書房　一九七二）

雑誌・ムック本

『忍者検定読み本』甲賀忍術研究会編（甲賀市観光協会 二〇一三）
『ここまでわかった甲賀忍者』甲賀流忍者調査団監修（サンライズ出版 二〇一八）
『甲賀を繙く』甲賀市教育委員会（二〇〇六）
『日本史の闇を支配した「忍者」の正体』（宝島社 二〇一三）
『忍者読本』（宝島社 二〇一七）
『忍者～最強伝説～』（ダイアプレス 二〇一五）
「真説・忍びの者」『NHK歴史への招待 14』（日本放送出版協会 一九八一）
「追跡！戦国甲賀忍者集団」『NHK歴史への招待 30』（日本放送出版協会 一九八四）
【史料紹介】松村流松明・甲賀流武術秘伝」山田雄司『三重大史学 第17号』（二〇一七）
「特集／忍者の謎」『歴史研究 第四八四号』（二〇〇一）
「板東総州に伊賀忍者の足跡を追う」『志能便 第二〇八号』（二〇一八）

Ｗｅｂサイト

国際忍者学会 https://intlninja.com/

国際忍者研究センター http://ninjacenter.rscn.mie-u.ac.jp/trend/

伊賀連携フィールド忍者文化協議会 http://www.human.mie-u.ac.jp/kenkyu/ken-prj/iga/

日本忍者協議会 https://ninja-official.com/

忍者体験などができる各地の施設

伊賀流忍者博物館（三重県伊賀市）……忍者ショーやからくり屋敷 http://www.iganinja.jp/

甲賀流忍者屋敷 http://www.kouka-ninjya.com/

甲賀の里忍術村（滋賀県甲賀市）……綱渡りや屋外修行 http://koka.ninpou.jp/

佐賀元祖忍者村 肥前夢街道（佐賀県嬉野市）……忍者ショーや修行道場
http://www.hizenyumekaidou.info/

登別伊達時代村（北海道登別市）……忍者ショーやからくり迷路 http://www.edo-trip.jp/

花やしき流忍者体験道場（東京都台東区）……隠れ身の術や手裏剣体験
http://www.hanayashiki.net/ninjadojo

戸隠流忍法資料館（長野県長野市）……忍具の展示、戸隠流の解説、忍者からくり屋敷等
http://www.togakushi-ninja.com

伊勢安土桃山城下町（三重県度会郡二見町）……伊賀忍者妖術屋敷、からくり迷路
http://www.ise-jokamachi.jp

野忍（東京都あきる野市）……大人向け忍者修行　http://www.yajin-ninja.jp/

武蔵一族（東京都北区）……「体術」など古武術の指導　http://ninjawarriors.ninja-web.net/

日蓮宗／正久山　妙立寺（忍者寺）　http://www.myouryuji.or.jp/

その他

ピクシブ百科事典　https://dic.pixiv.net/a/忍者

ウィキペディア　https://ja.wikipedia.org/wiki/忍者

忍者マイスター　http://www.2nja.com/

忍者の里甲賀　http://www.geocities.jp/kafukabj/

日本遺産ポータルサイト／忍びの里　伊賀・甲賀
https://japan-heritage.bunka.go.jp/ja/stories/story042/

Facebookページ／甲賀忍術研究会
https://www.facebook.com/pg/甲賀忍術研究会-284503065313654

戦国忍者考
http://www.m-network.com/sengoku/ninja/index.html

鵜飼武彦（うかいたけひこ）

慈善活動家
滋賀県甲賀市三大寺に甲賀二十一家鵜飼孫六・鵜飼舎杖の直系子孫として生まれる。関西大学卒業後、岐阜大学大学院地域科学科修士課程修了。地域まちおこしと忍者について研究。スリランカを始めミャンマー、カンボジア、インド等に校舎、車椅子、救急車、消防車を配置。
鵜飼行政法務事務所長、有限会社ユー・アイ・シー代表、一般社団法人恵水会理事長、特定非営利活動法人あけぼの会理事長、特定非営利活動法人健康倶楽部緑の会理事長などを務める。
趣味は世界旅行、絵画、短歌、音楽。

甲賀忍者考 ——鵜飼家関係文書を紐解く

2019年1月29日　初版第1刷発行

著者・発行人　鵜飼武彦
発　行　所　ユー・アイ・シー出版
〒500-8851　岐阜県岐阜市大宝町1-5
発　売　所　株式会社出版文化社
〈東京本部〉
〒101-0051
東京都千代田区神田神保町2-20-2　ワカヤギビル2階
TEL：03-3264-8811（代）　FAX：03-3264-8832
〈大阪本部〉
〒541-0056
大阪府大阪市中央区久太郎町3-4-30　船場グランドビル8階
TEL：06-4704-4700（代）　FAX：06-4704-4707
〈名古屋支社〉
〒454-0011
愛知県名古屋市中川区山王2-6-18　リバーサイドステージ山王2階
TEL：052-990-9090（代）　FAX：052-324-0660
〈受注センター〉
TEL：03-3264-8825　FAX：03-3239-2565
E-mail：book@shuppanbunka.com
印刷・製本　中央精版印刷株式会社

Directed by Kazuma Mori, Edited by Kagurasyuppankikaku
ISBN978-4-88338-655-0　C0021